治癒故事、佛系語錄、淡定哲學，
二十四堂修心課讓你從憤世嫉俗的怪人化爲清新脫俗的仙人！

慢生活

沒有這麼痛苦

世上根本沒有所謂的紅塵，也沒有極樂天堂

我們本是自由的，陷進紅塵的不是人，是人心

只是上班族，卻跟比爾蓋茲比財富？
正職瞧不上工讀，四輪看不起走路？
害怕被人當沒用，心甘情願被利用？
明明這麼努力，爲何感覺像個奴隸？

傅世菱，王原平 著

目錄

目錄

目錄

目錄

第 01 堂課

自然 —— 機械化時代，原生態生活

∥由它去，任它來∥

禪宗有一則著名的典故：

某日，藥山禪師在禪院中打坐，見院中一棵樹長得很茂盛，旁邊一棵卻即將枯死，便指著兩棵樹問道膺、道吾兩個弟子：「那兩棵樹是枯的好呢？還是榮的好？」

道膺說：「榮的好。」

道吾說：「枯的好。」

恰好一個小沙彌從旁邊走過，藥山又問小沙彌。

小沙彌說：「枯者由它枯，榮者任它榮。」

一個問題，三種答案，各有各的道理，各有各的境界。

道膺為什麼說「榮的好」？因為在他看來，「榮」象徵著生命力，象徵著一切陽光、美好、幸福、喜悅的東西，這是一種燦爛的心境。

道吾為什麼說「枯的好」？因為在他看來，「枯」象徵著修行者寂靜、無為、淡泊的心境，象徵著一切與紛擾、煩惱無關的東西，這是修行者所必須的心態。

但，此二人與那不知名的小沙彌相比，無形中已落下風。因為「榮」也好，「枯」也罷，都是他們二人各自的喜好，人一旦有了喜好，也就有了憎厭和煩惱，這就觸犯了禪修的大忌 ——「分別心」和「我執」，與禪修的至高至深境界，即無物無我、任枯任榮的自在解脫相背離。

青蓮白藕紅荷花，三教原本是一家。小沙彌的回答，亦暗合道家「道法自然」的思想。所謂「道法自然」，簡單來說就是人應該順應自然規律，因為自然規律是人力無法改變的，既然無法改變，那麼只能順應。連繫前面的典故，樹木的榮枯固然與人為因素有關，但絕大程度上仍取決於

自然規律。每一棵樹都不可避免地會走向枯萎，我們無力阻擋大自然的殘酷腳步，只能「榮的任他榮，枯的任他枯」。

大自然亦有溫情之處。有作家舉過一個例子，大意是說一粒麥種經過發芽、開花、結果，最終必然會走向枯萎、死亡，但它在生長過程中，結出了更多的麥穗和麥種，生命得以延續，基因得以傳承……大自然自有安排，我們沒必要為樹木的枯萎而傷感，為花朵的凋謝而憔悴，因為一株樹的枯萎意味著更多的綠蔭，凋謝才是花開的最終目的 —— 花不凋，怎結果？想到這一層，我們還有什麼不能坦然接受、面對的呢？

禪太玄，道太深，有一位老師在一次演講中講過一個淺顯的小笑話：

有個廚師特別喜歡做烤鴨。有一天餐廳來了客人，點了一隻烤鴨，他使出看家本領把那隻烤鴨做得盡善盡美，然後他就留心到底誰吃了他的烤鴨。結果很失望，因為一大桌的人只有一個人吃了他的烤鴨。這個廚師就非常憤怒，拿著菜刀衝出去問大家，你們為什麼不吃烤鴨，烤鴨是這桌菜中最好吃的！

其實，我們在生活都扮演過類似的角色，我們付出的時候總是會抱著類似的期望心態，當這種心態落空，我們就會把自己扮演成另外一個角色 —— 受害者。時間長了，自然看哪裡都不順眼，看誰都像在跟自己作對。實際上卻是我們自己跟自己過不去。

有一句流行語：「要麼忍，要麼殘忍」，聽上去很經典，很酷，其實不然。忍什麼？為什麼要殘忍？忍和殘忍都是外物干擾了內心以後的反應。如果我們能保持內心的平靜，那麼就談不上忍，也無需殘忍。萬物往復是自然規律，萬般事端皆是因緣，任他來去，我依然是我，這樣想，這樣做，這世上就沒什麼事情、什麼人傷害得了你。

無獨有偶，西方也有一個類似的故事：

　　有一座修道院，因為有求必應，專程來此地祈禱的人特別多。一天，修道院的看門人對神壇上的神像說：「我真羨慕你呀！你每天輕輕鬆鬆，不發一言，就有這麼多人送來禮物，哪像我這麼辛苦，風吹日晒才能溫飽……」

　　「是嗎？」一個聲音打斷了他，說：「那我下來看門，把你變到神壇上。但是你要保證，不論你看到什麼、聽到什麼，都不可以說一句話。」泥塑的神像忽然變成了傳說中的天主模樣，主顯靈了！

　　「這有什麼難的，不就是不說話嘛！」看門人努力抑制住激動的心情，忙不迭地爬上了神壇。每天，他都依照與天主的約定，靜默不語，聆聽信眾的心聲。來往的人絡繹不絕，他們的祈求，有的合理，有的不合理，有的甚至接近於荒謬。但他都強忍著，沒有說過一句話。

　　這樣過了半年多，一天清晨，來了一位富商，當他祈禱完畢離開時，竟忘了拿手邊的錢袋。看門人瞧在眼裡，真想叫富商回來，但他想到自己的約定，只好憋著不說。接著又來了一位三餐不繼的窮人，他祈禱天主能幫它度過生活的難關。當他準備離開時，一眼發現了那位富商留下的錢袋，頓時欣喜若狂：「天主顯靈了，有求必應！有求必應！」然後萬分感謝的離去。看門人看在眼裡，想告訴他「這不是你的錢，你不能拿。」但是，約定在先，他不能說。窮人離開不久，又來了一位要出海遠行的年輕人，他是來祈求天主降福保佑自己一帆風順的。正當他準備離開時，丟了錢袋的富商衝了進來，一把抓住年輕人的衣襟，要他把自己的錢袋交出來，年輕人不明就裡，當場就和富商吵了起來。

　　修道之處，豈容他們如此吵鬧！更何況這個誤會恐怕只有自己能夠解開，看門人忍了又忍，終於開口說出了真相……事情弄清楚了，富商急忙去找撿到錢袋的窮人，年輕人則匆匆離去，生怕趕不上當日的航船。這時，真正的天主再次現出真身，指著神臺上的看門人說：「下來吧！你沒

有資格坐那個位置。」

「我把真相告訴他們，主持公道、化解誤會，有什麼不對？」看門人很不服氣。

天主說：「你錯了。那個富商並不缺錢，他那袋錢不過是準備嫖妓的；可是那些錢到了那個窮人手裡，卻可以拯救一家老小；最可憐的是那個年輕人，如果富商一直糾纏著他，延誤了他出海的時間，他還能保住一條命，而現在，他所搭乘的那條船已沉入海中！」

生活中有誰沒犯過看門人的錯誤？連造物主都懂得保持沉默，順其自然，我們卻總是在身不由己的幻想著改造人生的不完滿，到頭來，事與願違、自討苦吃、心不能平又怪得了誰？

趨吉避凶是人類的本能，但人生不如意事十之八九，有些事我們根本避不開，有些事或許只是我們的心理問題，所以我們必須相信，不論順境、逆境，都是上天對我們最好的安排，我們應該心存感激地虔誠接受，平靜面對。

┃靜靜等待花開，靜靜等待圓滿┃

有位學者講述了一段經歷：由於飛機延誤，航空公司為旅客們提供了一些泡麵，大家排著隊等著接開水，一個女孩抱怨道：「這水怎麼還不開！」一位大嬸回答：「因為妳在等。」

的確，因為等待，所以漫長。但漫長的並不是等待本身，而是我們的耐心不夠。

《百喻經》中有一個寓言：

從前有一個國王，希望自己的女兒能立刻長大。於是他把太醫召集

來，問他能不能找到一種藥，使公主吃了以後立刻長大。太醫回答說，良藥是有的，我一定辦得到，但是這種藥要到很遠的地方去採集。請國王答應我一個條件，那就是在我採藥期間，您不要去看公主，等我回來給她吃了藥，你才可以再見她。」國王答應了，醫生就到遠方去求藥。

經過十幾年的時間，太醫入宮求見國王，說是採到藥回來了。國王非常高興，讓他立即去給公主吃藥。不一會兒，太醫帶著吃了藥的公主來見國王。國王見昔日繞膝嬉戲的公主「瞬間」出落成了亭亭玉立的少女，很是歡喜，讚嘆了一番太醫的本事後，又命左右侍臣賞賜了他很多的財寶。事情傳開後，人們都笑國王無知，竟不知道算一算他女兒的年齡。

這個寓言告訴我們，凡事只需平實去做，自會水到渠成，功德圓滿。那些不按客觀規律做事，希求速效，正像寓言中的國王一樣可笑。

比如：生活中經常可以聽到某些家長或老師抱怨：「這孩子，真是屢教不改！完了！」其實，不是孩子不爭氣，「不是那塊料」，而是老師和父母太急切，沒耐心。「十年育樹，百年育人」，教育是需要耐心的事業，就像我們播下一粒花種，必經時間的催化，它才能生根、發芽、抽枝、展葉，待到花期時，它必會開花。需要我們做的，就是靜靜地守候，而不是效仿古人揠苗助長。

再來看一個寓言，柳宗元的《種樹郭橐駝傳》：

郭橐駝是一個以種樹為生的人，凡是經他手移栽的樹，沒有不存活的，而且都長得高大茂盛，結的果子又大又多。很多同行暗中偷師，但始終比不上他。有人向郭橐駝取經，他說：「我沒有什麼特殊的本領，只不過能夠順應樹木的天性，讓樹木的本性自然發展罷了。一般來說，種樹時，它的樹根要舒展，給它培的土要平整，它根上的土要用原土，夯土要緊實。做好這些之後，就不要再去動它，它自然會遵循著它的生長習性去

生長。其他種樹的人就不是這樣：種的時候讓樹根蜷曲還換掉樹根上原有的土；培土的時候，不是過量就是不足；種上的樹，早晨看、傍晚摸，剛離開又回頭看，有些人甚至還抓破樹皮來驗看樹的死活，搖動樹根察看樹栽的是松還是實……這樣做，表面看來是愛護樹，其實是害了它。」

那人又問：「把您種樹的道理，套用到從政上，可以嗎？」郭橐駝說：「我只知道種樹而已，從政治民不是我的職業。不過我住在鄉里，經常看見那些當官的發號施令，每條政令好像都很憐愛百姓，但實際上卻是在禍害百姓。每天差吏都會來喊話：「上官有令，催促你們耕好田，勉勵你們快播種，督促你們及時收割；早點繰好你們的絲，早點紡好你們的線；養育好你們的小孩，餵大你們的雞和豬……」一會兒擊鼓把人們聚集起來，一會兒又敲梆子把大家召集起來。百姓的時間都用在了應付差吏上面，哪還有精力發展生產？百姓的生活既困窘又疲憊。這種情況，與種樹的道理大概也有相似的地方吧！」

故事中的郭橐駝，未必真有其人，身為政治家的柳宗元，不過是借郭橐駝的種樹之道，諷刺當時唐朝地方官吏的擾民、傷民現象，同時道出自己的政治主張，即老莊的「無為而治」。所謂「無為而治」，簡單來說就是作為從政者，不要瞎折騰，瞎指揮，朝令夕改，強行壓制，更不能打著愛民、憂民、恤民的幌子剝削百姓。對今人來說，無為意味著不苛求，不操之過急，不貪心不足、不違背客觀規律等等。所謂欲速則不達，一個人滿腦子都是成功，身心就會像越繃越緊的弓弦，總有一天會繃斷。弦都斷掉了，箭還能射得出去嗎？

清人王文濡在《續古文觀止》中記載了這樣一件小事：

順治七年冬，我（王文濡）因事前往鎮海縣城市，小書僮用木板夾捆著一大摞書隨行。當時太陽已經落山，傍晚的煙霧籠罩在枝頭，望望縣

城還有約兩里路程。我問旁邊的擺渡人：「請問我們走到縣城南門時，城門還會開著嗎？」擺渡人仔細打量了小書僮一番，回答說：「慢慢著走，城門或許還會開著；若是走得快了，城門肯定會關上。」這是什麼邏輯！我有些生氣，認為他在戲弄人，便不再理會他，吩咐小書僮快步前進。結果沒走多遠，小書僮摔了一跤，捆紮木板的繩子斷了，書也散了，小書僮坐在地上，哭著不肯起來。等到我把書理齊捆好，城門已經下鎖。我忽然意識到那個擺渡人說的話簡直就是哲理，天底下那些因為急躁魯莽給自己帶來失敗、弄得昏天暗地到不了目的地的人，大概就像這樣吧！

　　不顧客觀規律，快反倒成了慢，愛也會變成害，甚至前功盡棄，適得其反，大多數人都知道這個道理，卻總是有意無意地與之相悖，這實在值得我們深思。

　　當然，如果只是消極地等待，一味地無為，有些「花兒」即使能夠綻放，多半也已經是明日黃花。我們不能除了等待什麼都不做，明智的等待應該是積極的等待，在等待中積蓄花開的力量；真正的無為，應該是有所不為，有所必為，有所作為。這一點，有人說：「每條河流都有自己不同的生命曲線，但是每一條河流都有自己的夢想，那就是奔向大海。我們的生命，有的時候會是泥沙。你可能慢慢地就會像泥沙一樣，沉澱下去了。一旦你沉澱下去了，也許你不用再為了前進而努力了，但是你卻永遠見不到陽光了。所以我建議大家，不管你現在的生命是怎麼樣的，一定要有水的精神。像水一樣不斷地積蓄自己的力量，不斷地衝破障礙。當你發現時機不到的時候，把自己的厚度給累積起來，當有一天時機來臨的時候，你就能夠奔騰入海，成就自己的生命。」

‖ 身在紅塵，心在山林 ‖

　　唐代大詩人白居易是一位虔誠的佛教徒，他經常去寺院參禪禮佛，與當時的許多高僧如鳥窠禪師、唯寬禪師等人都有所往來。有一次，白居易去拜訪恆寂禪師。當時正值伏天，天氣酷熱，恆寂禪師卻安靜地坐在房內看經。白居易就問：「禪師，屋裡這麼熱，為何不找個涼快的地方讀經？」恆寂淡淡地說：「三界如火宅，娑婆如熱爐，我覺得這裡就很涼快。」白居易深為恆寂禪師的禪功所觸動，於是作了一首詩：「人人避暑走如狂，獨有禪師不出房。非是禪房無熱到，為人心靜自然涼。」後來，「心靜自然涼」成了傳誦千古的名言。所謂「心靜自然涼」，是禪修者的境界，也是普通人應有的生活態度。

　　古人云：大隱隱於朝，中隱隱於市，小隱隱於野。意思是說，那些所謂的隱士隱居山林只是形式上的「隱」而已，如果能夠真正達到物我兩忘的心境，即使身處最世俗、最嘈雜的所在，也能排除干擾，自得其樂。換言之，那些希望依賴周邊環境忘卻世事，沉湎於桃源世外的想法，是一種軟弱。真正有能力、有修為的人，無論身處朝野，都能大智若愚、淡然處之，這才是真正的隱者。

　　北宋的邵雍，就是個真正的隱者，他在《心安吟》中說：「心安身自安，身安心自寬。身與心俱安，何事能相干？誰謂一身小，其安若仙山。誰謂一室狹，寬如天地間。安分身無辱，身意心相合。雖居塵世上，卻是出人間。」

　　據《長阿含經》記載，當初，佛陀住世時，有個帶髮修行的人看到佛陀和弟子們每天都自在解脫，很是羨慕，便捨離家庭，加入僧團。但是沒幾天，他找到佛陀，說：「佛陀，我在人群中無法安心靜修，您能否讓

17

我有一個比較好點的修行環境呢？」

佛陀點頭應允，說：「那你自己去找一個適合靜修的地方吧！」

於是他離開僧團，遠涉深山，終於找到了一個幽靜的所在。然而由於附近連個人影都看不到，他又不免心生畏懼，每次打坐時，耳朵裡滿是鬼魅一般的聲音，腦袋裡都是鬼魅的幻影晃來晃去。

他不由得打起了退堂鼓，決定停止修行，剛剛想到這裡，佛陀便出現在他面前，問：「你一個人在這麼安靜的地方，怕不怕？」他心裡怕得要命，嘴上卻很強硬，說：「不，我不怕！」佛陀看他言不由衷，就說：「好，我們坐下來談談。」兩人剛剛坐定，有隻大象從遠處走來，就在離他們不遠的一棵大樹下，很安詳地躺下，睡了起來。

佛陀問：「你看到那隻大象了嗎？」「看到了。」佛陀開導他說：「這隻象有眷屬五百隻，日夜圍繞身邊，非常吵鬧，所以牠想暫時在此好好地休息。像是畜生類，都懂得捨鬧取靜，可惜有很多人卻不懂得愛惜靜謐的環境。鬧，往往是心在鬧。修行一定要堅定心志，心安於靜。」

僧人聽了，慚愧地說：「我明白了，在僧團裡，可以互勉精進，弘揚佛法，而我卻不知惜福、惜緣，離開僧團。現在一個人在靜中，心情又很紛亂，真是慚愧！我願意再隨您回到僧團，與眾僧一起接受教法，相互勉勵，精進修行。」

當今社會，競爭激烈，很多人活得都像個體面的奴隸。經常聽到一些人說，想找一個清靜的去處，讓自己靜一靜。很多店家也乘機打出了「回歸自然」的招牌，但是身為一個現代人，我們終究無法永遠地背叛城市，我們遲早要回來，而成堆的資料，煩人的應酬依然故我，無法突破的瓶頸、無法改變的現實、無法挽回的過失依然故我，任何問題都不是透透氣就能解決的。我們想要的「清靜的去處」只能向內求，向自己的心中

求。如果我們的心不能真正地靜下來，即使遁跡深山老林，也會被心頭的紛亂煩惱所追逐。真正的靜，是心靜而非形靜，是心底的超越，而不是形式上對塵世的遠避。與其改變環境，不如改變自心。所謂「心遠地自偏」，與其漫無目的地奔走，不如在心內尋找，植一片山林在心田，少些情愛嗔痴，功名利祿，多些安然恬淡，那樣，無論身處何時何地，都是天堂。

人們常說，要「看破紅塵」，也就是說，把人世間的事情看透、看明白。在以往，「看破紅塵」的人，往往削髮為僧，以此來逃避現實。現如今，仍有一些「看破紅塵」的人，或因心靈上受過創傷，或因事業遭遇逆境，於是消極悲觀，自暴自棄。這種「看破紅塵」是消極人生觀的反映，是不足取的人世觀。其實，菩提本無樹，世上也根本沒有什麼紅塵，我們本就是自由的，陷進紅塵的不是人，是人心。若能持一顆清明的心，凡事不違真心，即使身在紅塵又如何？身在紅塵，心在山林，愛恨由性，聚散隨緣，即使身染塵埃，也不亞於那閒雲中的乘鶴之人。

第 02 堂課

純真 —— 守護全世界的光明

‖ 敞開心扉，讓陽光照進來 ‖

宋代大學者蘇東坡與佛印和尚是至交。有一日，蘇東坡去參訪佛印，二人坐在蒲團上參禪論道，談古論今。忽然蘇東坡笑著對佛印說：「我看你打坐的樣子真像一坨牛糞。」佛印不僅不生氣，還微笑著說：「我看你打坐的樣子就像一尊佛。」蘇東坡覺得自己占了便宜，高興得哈哈大笑。回到家，蘇東坡還把這件事告訴了蘇小妹，說佛印這次總算栽在我手裡了！蘇小妹卻說：「你錯了，佛家說『佛心自現』，內心有什麼，外在才看到什麼。佛印心中有佛，所以看你如佛。而你心中不潔，所以才看佛印如同牛糞！」

從佛學的角度講，境由心造，心中有山，就見山；心中有河，就見河。佛印說蘇東坡像佛，說明他心中有佛，心中有了佛，慢說看蘇東坡像佛，就是看一隻狗，一隻鼠，一堆磚石瓦礫也是佛。蘇東坡也正是由於當時未領會到這一層意思，才鬧出了笑話。如果從心理學角度講，蘇小妹的話則無巧不巧地指出了人們喜歡把自己的想法投射到他人身上的投射效應。

所謂投射效應，簡單來說就是用自己的標準去衡量別人的行為。這是一種認知障礙，「以小人之心度君子之腹」就是典型的投射效應。

《莊子》中記載了這樣一件事：莊子的朋友惠施做了梁國的國相，莊子去祝賀他。但惠施聽信別人的挑唆，認為莊子是來和自己搶官做的，便命人到處搜捕莊子。後來莊子奚落惠施說：「南方的鳳凰在從南海飛往北海的路上，只在梧桐樹上棲息，只吃竹子的果實，只喝甜美的泉水。當鳳凰經過一隻貓頭鷹的頭頂時，貓頭鷹剛好找到了一隻腐爛的老鼠，貓頭鷹便對著鳳凰仰頭發出『嚇嚇』的怒斥聲。你也想用你的梁國相位來『嚇』我嗎？」

　　這個故事未必真實，擅長移花接木的莊子很可能是在借調侃自己唯一的知己來諷刺那些嫉妒他人到心理陰暗的人。不過，生活中類似惠施與「貓頭鷹」這樣「以小人之心度君子之腹」的人大有人在。以己度人，是很多人難以超越的羈絆。

　　在一檔電視節目中，一個主持人問一個小女孩：「如果你開的飛機沒油了，飛機上還有好多乘客，其中包括你的親戚，但只有一個降落傘，你會給誰用？」

　　「我會安排好乘客，讓他們安靜下來，然後我就會用降落傘跳下去。」

　　觀眾有的搖頭，有的哄笑，笑小女孩幼稚和不懂事。

　　小女孩急了：「我……我還會回來的，我……我只不過是去取點油！」

　　當今社會，紛紛擾擾，太多的坑蒙拐騙、爾虞我詐、勾心鬥角，太多的短視、拜金、狹隘與出賣，充斥於報紙、電視、網路，對此，保持必要的警惕實屬必要，但許多人由於謹慎過度，無意中把自己的純真之心「訓練」成小人之心。比如一位經理工作任勞任怨，以廠為家，但薪資不高，10人當中恐怕會有9個人認為此君有不正當收入，剩下一人則會認為這個經理是個傻瓜！能夠像故事中的小女孩那樣想問題的，太少太少。

　　很多時候，我們不得不反省自己，是世界太殘酷，還是我們自己太陰暗？我們前面提到的蘇東坡就很值得效仿。除了喜歡開些不合時宜的玩笑，蘇東坡其實是歷史上少有的純真、光明之人。他曾經對弟弟蘇轍說：「吾上可陪玉皇大帝，下可以陪卑田院乞兒。眼前見天下無一個不好人。」事實上，他也真的達到了這種境界。眾所周知，他和主持變法的王安石是政敵，但王安石下臺後，他路過金陵時還特意去看望退職潦倒的前宰相，與王安石談詩論佛，盤桓數日。王安石也曾經為蘇東坡求過情，使其免死於「烏臺詩案」。兩大文人的「恩怨」，遂被傳為佳話。

　　人之初，性本善。每個人都是世界的守護者，因為世界無非你我他。守住自己的本性，就是守護全世界的光明。遺憾的是，我們卻總是有意無意地戴著有色眼鏡看人。

　　這個世界有假惡醜，這個世界也有真善美。造物主之所以給我們造兩隻眼睛，就是為了讓我們辯證地看待生活。那麼，為什麼不多看看那些美好的東西？為什麼不以高一點的境界去看人看事？退一步講，即使我們無力守護他人的純真，但至少可以讓我們的心靈變得光明些。

　　阿根廷著名高爾夫球手羅伯特·德·溫森多生性豁達，樂善好施。有一次，他贏得了一場錦標賽，領到支票後，他微笑著突破記者的重圍，走到停車場，準備開車回家。這時，一個年輕女子走過來，先是對他表示祝賀，然後又說她的孩子病得很重，可能會死掉，因為她實在支付不起昂貴的醫藥費。

　　溫森多被打動了。他二話沒說，掏出筆在剛剛贏得的支票上簽上自己的名字，然後塞給那個女子，並且安慰她：「這是比賽的獎金。祝可憐的孩子早日康復。」

　　一週過後，溫森多在一家餐廳用餐時，偶遇一位熟識的職業高爾夫球聯合會官員，官員走過來問他，一週前是不是遇到過一位自稱孩子病得很重的年輕女子。

　　「你怎麼知道的？」溫森多為他叫了一杯紅酒，然後問道。

　　「是停車場的孩子們告訴我的，」官員說，「對你來說，這是個壞消息 —— 她是個騙子，根本就沒有什麼孩子重病，她甚至還沒有結婚呢！溫森多，你讓人給騙了，我的大明星朋友！」

　　「什麼？」溫森多急切地追問，「你是說根本就沒有一個孩子病得要死是嗎？」

官員說：「是的，根本沒有。」

溫森多長吁了一口氣，然後歡快地說：「這真是我一星期以來聽到的最好的消息！」

得知自己被騙後，溫森多想到的不是自己的錢沒有派上用場，而是孩子的生命沒有遭受過危險，這位高爾夫球手的單純與愛心可見一斑。他用實際行動告訴我們：對於心地光明的人來說，付出並不意味著必須得到回報，因為這種想法本身，就是對光明的侮辱。

∥ 找回失落的童心 ∥

網路上有這樣一個小故事：

朋友有一輛四輪雙驅吉普車，平常就停在社區院中，每次去開車，車前身的「4×2」字樣後都會被小孩子用粉筆寫上「＝8」，頭一天將它擦去，第二天還會寫上。後來，朋友乾脆在「4×2」後面用油漆噴上了「＝8」的字樣，原本想「這下不用再寫了吧」，誰知第二天去開車，「4×2＝8」後面竟被人用粉筆寫了答對的打勾！

這就是我們的孩子，這就是曾經的我們。只要是認定了的事情，多苦多累，多沒意義，多沒價值，孩子們都能樂在其中。因為在他們的世界裡，生活原本就該是一道完整的算式，每一個算式都只有唯一的答案。少了那些讓人頭痛的意義，少了那些似是而非的答案，自然也就遠離了那些斬不斷、理還亂的煩憂。

我們為什麼喜歡孩子？因為孩子沒有成人世界的複雜，他們因為單純而可愛，因為單純而快樂，這種快樂對於我們成人世界來說難能可貴。孩子們一天到晚也很忙，但他只為快樂而忙。他們耽於遊戲，也能遵守

遊戲規則；他們善於把垃圾場打造成遊樂園，他們沒有玩具也能玩得不亦樂乎；他們也不會計較結果。這一切，都源自於他們那顆純真的童心。所以，人們總是稱那些快樂的人「童心未泯」。

　　哲人說，一個人長大的過程，就是把簡單變成複雜的過程。成年人看似忙忙碌碌，實際上是在不斷地遊走於正確與錯誤之間，疲於奔命，牽扯糾纏，最終不免迷失在滾滾紅塵，失卻純然的本性。

　　每個人都程度不同地懷有童心，只是名韁利鎖和各種「角色意識」讓我們習慣了緊繃著臉，故作正經，讓我們不能隨心所欲。久而久之，除了身心疲憊，還會變得越來越世故，越來越虛偽。

　　明末大思想家李贄在《童心說》中寫道：「夫童心者，真心也。若以童心為不可，是以真心為不可也……」意思是說，童心實質上是真心，如果認為人不該有童心，就是認為人不該有真心。童心其實是人在最初未受外界任何干擾時一顆毫無造作，絕對真誠的本心。如果失掉童心，便是失掉真心；失去真心，也就失去了做一個真人的資格。而人一旦不以真誠為本，就永遠喪失了本來應該具備的完整的人格。

　　有人認為，保持童心在一定程度上等於不成熟。其實不然，一個人到了成年乃至老年以後，還能擁有純淨的童心，反而是成熟進而超脫的最好表現。人不能永遠處於兒童時代，但他可以永遠擁有童心。保持童心就是保持對生活的熱情之心、對生活保持著熱情與樂觀。

　　很多人都知道美國的大選，鮮為人知的是，每次大選，差不多總有一萬多人會把選票投給一隻虛擬動物 —— 米老鼠！這些擁有選舉資格的成年人並不是存心搗蛋，而是一群長不大的孩子。他們的行為也不難理解，《西遊記》不就是個神話故事嗎？跟小孩子們看的卡通沒什麼本質上的區別，但我們看了一遍又一遍，看完了還要相互比較。由此看來，美國人給

米老鼠投選票，是人類嚮往快樂的普遍印證。

　　不要以為童心只與快樂有關，童心還是一種生產力。筆者有一個朋友，夫妻倆在農村挨家挨戶做生意，兩個孩子從小被鍛鍊得自理能力超強。一個星期天，朋友出門前囑咐 10 歲的女兒，在家照顧好弟弟，做好作業，有時間就多做幾張餅。結果夫妻倆一回家，小女孩一口氣給父母端出了 47 張小餅！並說：原本準備多做些，可惜爐子熄了……

　　同樣的事情發生在成年人身上，人們肯定會說他傻，然而事實證明，世界上很多成功人士，年少時甚至成年後都或多或少地傻，甚至超乎想像。

　　即使是與自己的老師法蘭茲‧約瑟夫‧海頓（Franz Joseph Haydn）在一起，沃夫岡‧阿瑪迪斯‧莫札特（Wolfgang Amadeus Mozart）也抑制不住自己的童心。有一次，莫札特和海頓打賭，說他能寫一首曲子，老師肯定彈不出來。海頓自然不信。莫札特用了不到 5 分鐘，就寫就了一首曲子，送到海頓面前。海頓若無其事的坐在琴凳上彈了起來，突然，他叫起來：「這是什麼呀？我的兩隻手分別彈向鋼琴的兩端時，怎麼會有一個音符突然出現在鍵盤當中呢？這個曲子根本彈不了。」「讓我試試吧！」莫札特微笑著坐在鋼琴前，當彈到那個音符時，他輕輕地彎下腰，奇準無比地用他的大鼻子「彈」出了那個音符，看得海頓目瞪口呆。

　　里德里希‧威廉‧尼采（Friedrich Wilhelm Nietzsche）說：「藝術家本來就已經是一種停滯的生靈，因為他停留在少年及兒童時代的遊戲之中。」童年雖逝，童真猶在，我們或許成不了藝術家，但我們都應該做一個心懷赤誠的孩子，找回曾經失去的快樂。

想哭就哭出來，哭完就忘了它

《景德傳燈錄》中有一個「該哭該笑」的故事：

曇照禪師是個樂天派，平時他總是對門人說：「我真快活啊，我真快活啊」，但是他臨終時卻高聲叫喊：「好痛苦啊，好痛苦啊……」一點都不像得道高僧。一個弟子問：「老師，當初節度使把您扔到水中，您神色都不變。平日裡您也總是對我們說自己很快活，怎麼今天卻叫起苦來了？」即將圓寂的曇照禪師舉起枕頭問他：「你說我是當時對呢？還是現在對？你說我是該哭呢？還是該笑呢？」說完不待弟子回答，禪師便圓寂了。

真情流露有什麼不好？只要是人，就應該有人的正常感受和表達。高興就笑，痛苦就喊，這是再正常不過的事情。明明很高興還故意表現得很平靜，明明很痛苦還強顏歡笑，那不是悟道，而是壓抑。孩子們之所以讓人羨慕，就在於他們不懂事，遇到不高興的事情就會哭鬧。大人們對此往往感到頭痛，其實這是好事，任何人都有不愉快的時候，把壞情緒積壓在心底，別說是孩子，就是大人，時間長了也難以承受。

哭鬧是孩子最好的發洩方式，在這一點上，我們應該向孩子們學習，當然，不是學習耍賴，而是學習他們排解壞情緒。有一則故事，說有一位腰纏萬貫的大老闆在一次失意後，心裡極為難過，但哭了半天，卻一滴淚也擠不出來。他的「欲哭無淚」其實一點也不奇怪。可以想像，一個曾經指揮著千軍萬馬的大老闆，在眾多員工面前，隨時都要表現得堅強、鎮定、意氣風發。他所處的位置讓他無法哭。理由很簡單 —— 哭，是弱者的象徵。可是，我們畢竟是伴著哭聲來到這個世上的，為什麼我們就不能像孩子那樣，在傷心、痛苦的時候哭一哭？淚水是情感的珍珠，它代

表著我們內心的喜怒哀樂與悲歡離合。當我們失去或者擁有了曾經苦苦追求過的美好事物時，我們連淚水都沒有，這到底是我們的身體出了毛病，還是我們的生活出了問題 —— 仔細想想，我們已經遠離了孩子般本真的生活。

痛痛快快地哭一場並不等於萬事大吉，我們應該像孩子一樣，學會忘記，做到「事來則應，事過即忘」。

很多家長都抱怨自己的孩子「不長記性」、「屢教不改」、「記吃不記打」，昨天背得滾瓜爛熟，睡一晚上就全忘了；剛剛提醒過的事情，五分鐘後又犯了……家長們總是為此頭痛不已，其實我們前面說過，教育是一個長期的過程，孩子的成長需要時間，急不得。另外，家長們也往往想不通，怎麼這孩子上一秒還哭得昏天黑地呢，下一秒就破涕為笑了？五分鐘前還對父母憤恨不已，現在又和父母撒嬌了呢？其實，這正是我們應該向孩子學習的地方。哲人說，人之所以會煩惱，是因為記性太好。沒錯，人生就像一場長途旅行，沿途有風景，也有崎嶇，雖說往事是一筆財富，但有些故事也會成為我們的負擔，人生就會過於負重，前路勢必難行。

忘記，不僅是對自己好一點，也是一種難得的品格。

有一次，阿拉伯的阿里和吉伯、馬沙兩位朋友一起旅行。三人行經一處山谷時，馬沙失足滑落。幸而吉伯拚命拉住他，才將他救起。馬沙立即在附近的大石頭上刻下了一行字：「某年某月某日，吉伯救了馬沙一命。」三人繼續前行，來到一處河灘，不知什麼原因，吉伯和馬沙吵了起來，吉伯一氣之下打了馬沙一耳光。馬沙強忍怒火，在河灘上寫道：「某年某月某日，吉伯打了馬沙一耳光。」旅行結束後，阿里好奇地問馬沙為什麼要把吉伯救他的事刻在石上，又將吉伯打他的事寫在沙上？馬沙回答：「有些事情必須牢記，有些事情必須忘記。寫在石頭上的字跡永遠不會消失，

我對他的感激之情也會永遠存在。至於他打我的事，我會像沙灘上的字跡隨著潮水迅速消失一樣，忘得一乾二淨。」

　　我們的確應該記住某些事，但我們更應該學會忘記某些事。「不如意事常八九，能與語者無二三」，這是現實生活的真實寫照。縱觀芸芸眾生，有誰能一生都活得春風得意，無波無瀾？因此，我們應學會忘記，忘記生活中的不如意。不要輕易說「想要把你忘記真的好難」，只要退一步想一想，太陽也有黑子，我們就能漸漸忘記昨天的陰影，坦然地面對今天的太陽。

　　學會忘記吧！印度詩人羅賓德拉納特‧泰戈爾（Rabindranath Tagore）說過：「如果你為失去太陽而哭泣，你也將失去星星。」忘記昨天，是為了今天的振作；忘記煩惱，你才能收穫快樂；忘記憂愁，你可以盡情享受生活賦予你的樂趣；忘記痛苦，你可以擺脫糾纏，體會人生的繽紛；忘記他人對你的傷害，忘記朋友對你的背叛，忘記你曾有過的被欺騙的憤怒、被羞辱的恥辱，你會覺得你已變得豁達寬容，你已能掌握自己的心情和生活。

第 03 堂課

至樂 —— 事情可以不好，心情必須不錯

‖ 拋卻名利自逍遙 ‖

　　清朝的乾隆皇帝生性奢侈，在位期間曾多次打著訪查民情的幌子下江南遊樂，每次都在萬人以上。有一次，乾隆途經鎮江金山寺，指著長江中浩若星辰的往來船隻，問身旁的金山寺住持法磬：「長江中船隻來來往往，這麼繁華，一天到底要過多少條船啊？」法磬答道：「兩條而已。」乾隆大奇：「怎麼會只有兩條？」法磬微微一笑：「一條日名，一條日利。整個長江中來往的無非就是這兩條船。」

　　法磬可謂一語道破天機：人活在世界上，無論貧窮富貴，窮達逆順，都免不了與名利打交道。在以往，人們對名利諱莫如深，彷彿一提名利，人立即變得俗不可耐。其實我們沒必要視名利為洪水猛獸，也沒必要猶抱琵琶半遮面，因為現實生活中根本沒有人能絕對逃離名與利，關鍵在於我們把名利看得太重，為其所累。

　　世人大都知道名利乃身外之物，卻很少人能真正看透名利。「世人都說神仙好，唯有金銀忘不了」，這是《紅樓夢》的開篇偈語，似乎在訴說繁華錦繡裡的公案，又像在告誡人們名利世界的冷冷暖暖：名利雖是身外之物，卻最是累人。凡是把名利看得很重的人，必將被名利所困。

　　唐代宰相元載，生性貪婪，目無君上，他伏誅後，居然從其家中找出了八百石胡椒！真是世界貪汙史上最具黑色幽默意味的記錄。設若元載不死，他將用多少輩子的時光吃完這八百石胡椒？也許只有在劊子手舉起屠刀那一剎那，這位大人才明白，無論他對胡椒有多麼熱愛，他也不可能將任何一顆胡椒留到來生。

　　人生往往如此：擁有的越多越不知足，煩惱也就越多。因為萬事萬物本來就隨著因緣變化而變化，而世人卻總是試圖牢牢掌握它，讓它不變，

讓它永恆，當然變也可以，但得變得更好才滿意，於是煩惱無窮無盡。

對普通人來說，重利過於重名。現代人常說：「錢不是萬能的，但是沒有錢卻萬萬不能！」誠然，金錢是我們人生追求的一部分，也是我們實現個人價值的具體展現之一，但金錢是一把雙刃劍。一個人如果把金錢看得太重，就會讓物質欲望、本能需求恣意膨脹。金錢有時也能使人產生進取的動力，但必須明白，只有超越金錢，才能不斷取得成績。古今，為了生命的自由瀟灑，不少智者都懂得與金錢保持距離。

《莊子》中記載了兩個小故事：

楚威王派使者請莊子出任相國，莊子卻對來人說，我聽說楚地有一隻神龜，死後用箱子裝著，用毛巾包著，供在高堂之上。你想這神龜是願意死後留下骨頭被燒香供拜，還是寧願自由自在地活在泥塘裡呢？

某人靠著「本事」得到了宋王獎的車，不久又得到了秦王獎的車，這人便在莊子面前誇耀：我這人受窮的能力不行，但讓諸侯獎賞我幾十輛車馬，還是不難做到的。莊子立即回敬道：我聽說秦王讓人給他舔痔瘡，舔一下可得五輛車，舔的位置越低，得車越多，你難道是給秦王舔痔瘡嗎？

莊子是不是太刻薄了呢？或許，然而對那些沒有正常人格、整天只知投機鑽營的人，這種刻薄不也很令人痛快淋漓嗎？

後來，莊子還曾經為楚王舉過一例：那些被圈養用來祭祖的牛，平日吃的都是上等的飼料，祭掃當天還披紅掛彩，可謂榮耀至極，直到血染利刃，方知大限已到；相對而言，林間的野鶴平日必須辛苦地尋找食物，然而卻能自由自在地過著安全無慮的生活。我們從中不難發現，莊子的一生正如同那逍遙的野鶴一般，而平日過著養尊處優日子的人們很可能就是那受人牽制、隨時待宰的牛嗎？因此我們要想過快樂逍遙的生活，就必須在

認知上先有所體悟，而後借著淡泊、寧靜、割捨、忘卻的修養功夫，徹底把自己從名韁利索中解救出來，那麼，人生無處不是逍遙樂土。

禪宗也有一則類似的公案：

古時有個秀才，經常去附近的寺廟找禪師論道。

有一天，二人剛剛見面，秀才劈頭就問：「何來團團轉？」

禪師張嘴就答：「皆因繩未斷。」

秀才驚得張大嘴巴，說：「禪師如何得知？前日我在村中見一頭水牛被繩子穿了鼻子，纏在樹上，這頭牛想離開樹到草地上吃草，誰知它轉過來轉過去就是不得脫身，非常有趣。我以為禪師沒看見，肯定答不出來，誰知禪師出口就答對了。」

禪師微微一笑，說：「施主問的是相，我答的是理。你問的是牛被繩縛不得解脫，我答的是心被功名利祿糾纏難以超脫。」

風箏不能高飛，在於繩未斷；烈馬不能賓士，在於繩未斷；水牛吃不到草，在於繩未斷；凡夫俗子煩悶，身居高位者不爽，六道眾生循環，爭論、是非、歡喜、悲傷……都是因為繩未斷。有首歌唱得好：「我想出國啊，我想去出國，可惜有時間的時候我卻沒有錢，可惜有了錢的時候我卻沒時間……」是真的沒時間嗎？不是，是所有的時間都用來賺錢了。當然，不讓人賺錢說不過去，我們要說的不過是 —— 不要把追求建立在壓抑本性上，不要把人生的一切都讓位於名利。

‖ 不開心是因為你計較得太多 ‖

讓我們讀一則故事：

有一次，亞歷山大大帝單人獨騎去鄉下了解民情。他走來走去，最後迷了路。這時，他看見一家商店門口站著一個軍人，便走上前去問道：「朋友，你能告訴我回客棧的路嗎？」

軍人嘴上叨著大菸斗，頭一扭，高傲地把身穿普通衣服的亞歷山大上下打量了一番，傲慢地答道：「朝右走！」

「謝謝！」亞歷山大又問，「請問離客棧還有多遠？」

「一英里。」軍人生硬地回答，並瞥了他一眼。

亞歷山大抽身道別，剛走出幾步又停住了，他轉回來微笑著說：「抱歉，我可以再問你一個問題嗎？如果你允許我問的話，請問你的軍銜是什麼？」

軍人猛吸了一口菸說：「猜猜看。」

亞歷山大風趣地說：「中尉？」

軍人的嘴唇不屑地動了一下，意思是說不止中尉。

「上尉？」

軍人擺出一副很了不起的樣子說：「還要高些。」

「那麼，你是少校？」

「是的！」軍人高傲地回答完，轉過身來，擺出對下級說話的高貴神氣，問道：「假如你不介意，請問你是什麼官？」

亞歷山大樂呵呵地回答：「你猜！」

「中尉？」

「不是。」

「上尉？」

「也不是！」

軍人不由得走近些，仔細看了看亞歷山大，說：「那麼你也是少校？」

「繼續猜！」

軍人取下菸斗，用十分尊敬的語氣低聲詢問：「那麼，你是部長或將軍？」

「快猜到了。」

「殿……殿下……是陸軍元帥嗎？」軍人結結巴巴地說。

「我的少校，再猜一次吧！」

「皇帝陛下！」軍人的菸斗從手中一下子掉到了地上，猛地跪在亞歷山大面前，忙不迭地喊道：「陛下，饒恕我！陛下，饒恕我！」

「饒恕你什麼？朋友。」亞歷山大笑著說，「你又沒有傷害我。我向你問路，你告訴了我，我還應該謝謝你呢！」

這個故事說明了一個什麼道理？是寬容嗎？是，也不是。生活中，很多人之所以過得不開心，就在於他們過於計較別人對自己的態度。很多人都沒有亞歷山大那麼高的地位，但卻比亞歷山大還難以伺候。男朋友接她晚了半分鐘，生氣；同事跟她開句玩笑，生氣；老媽沒做她最喜歡吃的菜，生氣；路人多看了她兩眼，生氣；自己不小心摔了一跤，也生氣 —— 這路怎麼沒人修呢？

大千世界，紛紛擾擾，很少有人從來沒有生過氣，但一個人不能整天活在氣憤或憂鬱中。如果一個人總是這也氣，那也氣，那就不是別人在氣他，而是他自己在氣自己。所以，每個人都應擁有一顆王者之心，像亞歷山大那樣，多些寬容，少些計較。否則時間一長，你會變得連自己都不喜歡自己。

哲人說，我們之所以不快樂，倒不是因為我們擁有的太少，而是我們計較的太多。人生有喜就有悲，事情有弊就有利，我們只是習慣了把注意力集中在事物的陰暗一面，不會自寬自解，不會從積極的角度看問題。

古希臘哲學家蘇格拉底（Socrates）年輕時生活困窘，他和幾個朋友合住在一間只有幾坪的小屋中。環境這麼差，蘇格拉底卻一天到晚滿臉燦爛，總是樂呵呵的。

有人不解：「那麼多人擠在一起，生活多不方便，你有什麼可高興的？」

蘇格拉底說：「朋友們住在一起，隨時可以交流感情、交流思想，這難道不值得高興嗎？」

後來，朋友們陸續成了家，一個個搬了出去，只剩下蘇格拉底一個人，但他每天仍然很快活。

那人又問：「孤孤單單一個人，有什麼好高興的？」

「我怎麼會孤單呢！我有好多書啊！一本書就是一個老師。和這麼多老師在一起，時刻都可以向它們請教，這怎麼不讓人高興呢？」

幾年後，蘇格拉底也成了家，他和妻子搬進了一座大樓中生活。大樓共七層，蘇格拉底住在最底層。樓上的人經常往下面潑汙水，丟死老鼠、破鞋子等髒東西，但蘇格拉底還是一副自得其樂的樣子。

那人又問：「住在這樣的房子裡，你也感到高興？」

蘇格拉底笑呵呵地說：「你不知道，住在底層的好處多著呢！比如：進門就是家，不用爬樓梯；搬東西方便，可以省很多力氣；朋友到訪時，不用爬樓梯等等。最讓我滿意的是，可以在空地上養一些花，種一點菜。這些樂趣，住在樓上的人永遠也享受不到。」

過了一年，蘇格拉底與一位住在七樓的朋友換了房子，因為朋友家有

一個半身不遂的老人，上樓很不方便。但是，搬到七樓的蘇格拉底照樣每天快快樂樂。

那人又問：「你現在失去了住底層的樂趣，又有什麼好高興的呢？」

蘇格拉底說：「你不知道，住在七層的好處實在是太多了。比如：每天上下樓，可以鍛鍊身體；房子光線好，看書寫字不傷眼睛；沒有人干擾，白天晚上都很安靜等等。這些，可是住底層的人享受不到的。」

後來，那人問蘇格拉底的學生柏拉圖：「你的老師總是那麼快樂，可是我為什麼總覺得，他的處境並沒有多好呢？」

「你有什麼樣的心境，就有什麼樣的心情。」柏拉圖回答。

「你有什麼樣的心境，就有什麼樣的心情。」說得多好！

生活不可能盡如人意，我們應該時刻保持一顆豁達的心，看淡、看開那些不期而至的風風雨雨，做回快樂的自己。

當然，不計較、看得開說來簡單，實行起來卻殊為不易。不經過一番靈魂的洗禮和鬥爭，一個久食人間煙火的凡人，往往很難看開。很多人都說自己看破了紅塵，不過是自欺罷了。他們與其說是看開，還不如說是得過且過。真正的看開，是以對生活的無限熱愛來融解世間的諸多失意，真正看開的人，無論何時何地，都能像蘇格拉底等先哲那樣，始終保持開朗、豁達的心境。

一句話，人生苦短，容不得太多的計較。上蒼賜予我們生命，絕不是讓我們用來煩惱和痛苦的。做人要拿得起放得下，只要心胸足夠豁達，人間就沒有什麼事情能令你沮喪。

先處理心情，再處理事情

金字塔的建造者是誰？眾所周知，是數十萬埃及奴隸。400 多年前，一個名叫塔‧布克的瑞士鐘錶匠遊歷完金字塔後，卻斷言金字塔的建造者不會是奴隸，而是一批歡快的自由人。當時的人們都對此嗤之以鼻。但 2003 年，埃及最高文物委員會宣布，透過對吉薩附近數百處墓葬的發掘考證，證明金字塔的確是由當地具有自由身分的農夫和手工業者建造的，而非傳統史學家所認定的「由 30 萬奴隸建造而成」。

那麼，塔‧布克當年的根據是什麼？透過查閱相關資料，人們發現這與他的經歷有關。

塔‧布克原是法國一名天主教徒。西元 1536 年，他因反對羅馬教廷的刻板教規被捕入獄。當時的他已經是一位大師級的鐘錶匠，入獄後便被安排做鐘錶。塔‧布克發現，不管自己如何努力，也無論獄方採取何種高壓手段，他和同行們就是造不出誤差低於 1/10 秒的鐘錶。可是在入獄之前，他們在自己的工作室裡，能使鐘錶的誤差低於 1/100 秒。起初，塔‧布克把原因歸結為製造的環境，後來，他們越獄逃往日內瓦，才發現真正影響鐘錶準確度的不是環境，而是製作鐘錶時的心情。正是基於這種認知，塔‧布克才得出了「金字塔的建設者是自由人」的結論。他說：「一個鐘錶匠在不滿和憤懣中，要想圓滿地完成製作鐘錶的 1,200 道工序，是不可能的；在對抗和憎恨中，要精確地磨銼出一塊鐘錶所需要的 254 個零件，更是比登天還難。金字塔這麼大的工程，被建造得那麼精細，各個環節被銜接得那麼天衣無縫，建造者必定是一批懷有虔誠之心的自由人。真難想像，一群有懈怠行為和對抗思想的人，能讓金字塔的巨石之間連一片刀片都插不進去。」

　　塔‧布克和他的同伴們流亡瑞士，成就了瑞士「鐘錶王國」的地位。據說時至今日，瑞士的鐘錶製造商們仍保持著塔‧布克的製錶理念：絕不與那些監管嚴厲、苛扣工人的國外企業聯營。因為人的能力，唯有在身心和諧的情況下，才能發揮到最佳水準。嚴苛的環境不可能產生奇蹟，嚴苛的企業永遠造不出瑞士錶。

　　製錶如此，修金字塔如此，建造我們自己的人生金字塔又何嘗不需要一種好的心情？

　　毫無疑問，沒有好的心情，想成就一番事業，可能性幾乎為零。問題是，怎樣才能擁有好的心情？是不是像塔‧布克那樣「換個環境」？答案無疑是否定的。塔‧布克的問題出在羅馬教皇身上，是外界因素；我們的問題卻出在自己身上，是心理因素。

　　戴爾‧卡內基（Dale Carnegie）在他那本偉大的《人性的弱點》（*How To Win Friends and Influence People*）中寫道：「如果你在工作中得不到快樂，那麼你在別的地方也不可能找到。每天給自己打打氣，你的腦子裡就會充滿積極向上的思想，你就可以指引自己去想那些勇敢而快樂的東西。只要你的想法正確，任何環境都會變得不那麼討厭。雖然你的老闆希望你對自己的工作感興趣不過是為了賺更多的錢，可是我們姑且不必管老闆需要什麼，只需想想如果你對自己的工作感興趣的話，你會得到什麼好處就行了。」

　　卡內基還講述了一個很有意思的小故事：

　　這天晚上，艾莉絲回到家裡時，已經是筋疲力盡。頭痛、背痛，累得她連飯都懶得吃，只想上床睡覺。在母親的再三勸告下，她才勉強坐到桌前。突然，電話鈴響了，是她的男朋友打來的，他約她出去跳舞。艾莉絲的眼中頓時綻放光芒，精神瞬間振奮起來。她飛快地衝上樓，換上心愛的

天藍色衣裙，一陣風似地衝出了家門。午夜時分，按說應該累上加累的艾莉絲小姐回來後，非但不再感到疲倦，反而興奮得睡不著覺了。

為什麼 8 小時前她是那麼疲憊不堪，而 8 小時後又是這般精神煥發？她是真的那麼疲勞嗎？肯定。但產生疲勞的原因不是由於工作的勞累，而是由於對工作的厭煩。生活中，類似艾莉絲小姐這樣的人真不知還有多少，或許你就是其中的一個。

有人說，興趣是最好的老師，但受很多因素制約，世界上很多人難以從事自己喜歡的工作，甚至連那個圈子都進入不了。這種情況下，就不應該一廂情願地僅僅考慮自己是否喜歡的問題。總之，先處理心情，再處理事情。愉快不愉快，全在你自己。工作或許真的枯燥，但老闆沒有逼你來上班。既然來了，為什麼不快樂點？事情或許真的無聊，但所有的有聊都是從無聊開始的。體育明星們除了奪冠那一刻之外，平時訓練、生活都無聊得很。

第 04 堂課

超脫 —— 別給自己念緊箍咒

‖ 要吃得了苦，也要享得了福 ‖

人生是什麼？有人說是苦旅，不過也有人說是樂途，關鍵看你走在路上心情如何。

老子《道德經》說：「天地不仁，視萬物為芻狗。」在自然界和未知的命運面前，人類何其渺小。沒有人能夠逃脫不幸與不快。即使你長途跋涉，走遍天涯海角，尋得一個看破紅塵的高僧，他同樣也逃脫不了現實中的猜疑、精神上的不滿和生活中的無聊。世界上不存在極樂天堂，沒人能從世俗的煩惱中解脫出來，我們所能做的只能是端正態度，妥當地去應付這些不愉快。

不過先哲也說：「天地有大美而不言」，我們不能因為天地不言就忽略其大美。生活的情調要靠自己去發現，去創造，但有的人卻總是有意無意地規避幸福。

有一個生活悲觀的人，總覺得自己不幸福、不快樂。他輾轉找到一位禪師，虛心求教。

禪師想了想，讓人端來一盤葡萄，問他：「這盤葡萄有的好，有的不好。如果讓你吃的話，你是先挑好的吃，還是先挑壞的吃？」

「當然先挑壞的吃。」那人毫不猶豫地回答。

「為什麼？」

那人回答：「『苦盡甘來』嘛！把最好的留到最後吃，會讓人覺得更滿足。而且每次都吃最壞的葡萄，剩下的葡萄只會越來越好。不是嗎？」

禪師微微一笑，說道：「問題的關鍵恰恰在這裡 —— 就人生來說，『先苦後甜』本沒有錯。但是對這句話的理解不能太古板。就拿吃葡萄來說，如果先從壞的開始吃，那麼你下次吃到的都比現在吃到的要好。反過

來說，你每次吃到的葡萄卻都是最壞的一個。也就是說，如果從最好的葡萄開始吃，你每次就能吃到最好的一個。人生的苦樂也是如此，必須吃苦的時候，我們應該提倡吃苦。但當苦與樂都存在，可以供你選擇的時候，你又何必捨樂而求苦，一味地堅持『苦修』呢？」

人們普遍相信，「先苦後甜」的人生是幸福的。其實正如沒有嘗過「苦」也就感覺不出「甜」一樣，如果失去了「甜」，哪怕只是幻想中的「甜」，吃「苦」也沒有什麼實際意義。事實上，正是人生的「苦」與「甜」交替進行，才組成了百態人生與人間萬象。既然人生有苦亦有樂，既然人生有些時候必須吃苦，我們就應該做一個既吃的了苦，也享得了福的人，千萬不要自尋苦惱，自己給自己找事。

有這樣一個故事，一對師徒走在路上，徒弟發現前面有一塊大石頭，便皺著眉頭停在石頭前，師父問：「怎麼不走了？」徒弟苦著臉說：「這塊石頭擋著，我過不去了。」

師父說：「路這麼寬，你繞過去吧！」

徒弟說：「不，我不想繞，我必須戰勝它，打碎它！」

師父說：「有必要嗎？那麼費力！」

徒弟說：「我知道費力，但是我必須戰勝它，連一塊石頭都不能戰勝，我怎麼能實現我偉大的理想！」

師父說：「這根本就不是同一件事，你太執著了。」

還有些人固執地認為，幸福快樂必須與成功結合，一個人總是失敗，有什麼好快樂的？幸福，不是自欺欺人嗎？其實，「菩提本無樹，明鏡亦非臺。本來無一物，何處惹塵埃？」人生如夢亦如電，百年之後皆虛幻，成功固然值得欣喜，但幸福快樂根本不需要多偉大，即使是失意，也不應該成為你處罰自己的理由。只知道執著、刻意地追求，就是強求，強求不

到時心態就會失常、偏離，乃至扭曲。受其影響，你自然快樂不起來，自然找不到一絲幸福的感覺。所以，我們不能為了還沒到手的幸福錯失了眼下的美好。過好當下的每一天，即使你所期盼的成功最終沒有到來，你也不枉此生。反之，你的整個人生不過是一個不斷自我折磨的過程，雖有積極意義，但令人不敢恭維。

‖ 盡人事，聽天命 ‖

「盡人事，聽天命」是句老話，簡單說來就是做事情一定要盡心盡力，但能否成功還得聽老天爺的，與「謀事在人，成事在天」相類似。乍聽之下，這話似乎帶有一種消極的色彩，但實際上並非如此，這句話非但不消極，反而隱含著一種逆境中的執著和超脫。

人生就是一場現場直播，它不給任何人彩排的機會，甚至連上臺的機會也不給。稍有生活經驗的人大都經歷過類似的無奈：為了完成某件事情，千般算計，萬般考慮，眼看成功在即，唾手可得，卻不料半路殺出個程咬金，眼睜睜地看著事情泡湯。如果問題是因為我們考慮不周，我們必須吸取經驗教訓，盡快調整好狀態，再次出征，這就是「盡人事」，而不能一朝被蛇咬，十年怕草繩。但如果導致我們功敗垂成的是那些不可預知的因素，非人力所能控制，我們只能盡付於「天命」。

最典型的例子莫於過《三國演義》中的諸葛亮北伐：

自劉備三顧茅廬後，諸葛亮統帥三軍，運籌帷幄，攻無不克，戰無不勝，幫助劉備建立了蜀漢政權，完成了三分天下的局面，並制訂了「聯吳抗曹」的策略方針，以便繼續積蓄力量，為討伐曹魏做準備。後來，關羽與東吳交惡，不僅失了荊州，還敗走麥城。劉備為了給義弟報仇，決計

傾全國之兵，一舉滅亡東吳。諸葛亮等人一再勸劉備以大局為重，劉備哪裡肯聽，結果被東吳火燒七百里連營，元氣大傷。

劉備死後，諸葛亮兢兢業業，鞠躬盡瘁。但歲月不饒人，年紀漸高的諸葛亮自知再不出兵，就永無希望「興復漢室」。因此，他雖知以當時蜀國的國力不足以戰勝曹魏，但還是毅然出兵。有一次，諸葛亮用計火燒司馬懿，眼看曹魏大軍就要覆滅，不料一場大雨忽然降下，救活了司馬父子，也改變了歷史走向，天下終成司馬氏的江山。諸葛亮一聲「謀事在人，成事在天」的仰天長嘆，遂成千古絕響。

此後，諸葛亮又幾度出祁山北伐曹魏，每一次都計畫周詳，可是每次都因一些意想不到的狀況功敗垂成，最終星落五丈原。唐代大詩人杜甫有詩云：「出師未捷身先死，常使英雄淚滿襟」，諸葛亮在後人心目中的分量如此之重，就在於他明知不可為而為之，為實現自己的夙願盡了最大的努力。

常有人哀嘆，「老天爺瞎了眼」，這絕不是所謂的「無能的表現」。君不見，有些人天資聰穎、勤學苦修，卻始終被排斥在「圈子」之外，窮困潦倒，「混」得還不如普通人；有些人平庸無德，甚至極端缺德，只因投胎投得好，便輕易攫取財富、權利和榮譽。但若因此向命運低頭、自暴自棄，或不講方式方法，以卵擊石，以身殉道，不論動機如何，其行為終不可取。《漢書》上有句話，天道有常，不以堯興，不因桀亡。意思是說，世界絕不會因為某一個人講道德而興旺，更不會因為某一個人行惡事而毀滅。同樣，上天也絕不會因為某一個人努力就一定讓他成功。從一定程度上說，努力只意味著成功的機率比那些不努力的人稍大，努力只意味著有可能成功。如果非要把「可能」變成「一定」，從心底排斥那些客觀存在的意外，豈不是自欺欺人？

人生如浮萍，我們既不能隨波逐流，又必須順著水流向彼岸蕩漾，這一個奮力、拚搏、改變命運的過程，也是一個無法預知的過程，或許只是一個小小的浪花，就能把我們推向未知世界；或許只是一個小小的漩渦，就能把我們打翻。對此，我們只能坦然面對，用努力去改變那些可以改變的事情，用胸懷接納那些無法改變的事實。「命裡有時終須有，命裡無時莫強求」，人生在世，只要盡心盡力，盡本分盡良心去做就是，至於做到什麼程度，其實並不太重要。

我們常說，「有耕耘就有收穫」，這句話需要辯證地去看待。大旱、洪水、蝗災……大自然隨便都有可能讓我們歉收，但我們又不能因為有可能發生自然災害就不播種，畢竟，還是豐收的年景多。

▌讓不幸到此為止▐

不幸是人類生活的一部分 ── 這是我們無法迴避的事實，儘管我們總是在刻意迴避。

生而為人，無論是國王或乞丐、詩人或農夫、男性或女性，誰都免不了遭遇不幸，因為生命時時擺動在幸與不幸的模式中。我們不能像鴕鳥一樣把頭埋在沙堆裡，拒絕面對，還要練就一種讓不幸到此為止的能力。因為，不幸感才是真正的不幸。如果我們心中總是裝著不幸，充滿怨恨和痛苦，那麼我們的生活只會如負重登山，舉步維艱。最後，只會堵死自己前進的道路，讓自己的人生失去幸福快樂，越陷越深。讓不幸到此為止，是一種氣魄，也是一種境界。

佛經中說，佛陀在舍衛國（Sravasti）時，有一位修行者慕名前往討教。剛入舍衛國，修行人看到有一對父子在田中工作，雜草中突然竄出一

條毒蛇，咬中了兒子的大腿，片刻兒子便中毒身亡。而那個父親卻從始至終連頭都沒抬，繼續做著自己手上的工作。

修行者疑惑地走上前去，指責那個父親這是何道理？父親平靜地說：「生老病死乃人之常情，痛苦傷心又有什麼用呢？我家就住在城邊，你路過時請轉告我的妻子，就說兒子被毒蛇咬死了，準備一個人的晚餐就行了。」

修行者心想，這個父親可能是個白痴，我還是趕緊通知他的妻子吧！他本以為把噩耗告訴孩子母親時她一定會悲傷，沒想到她也像個沒事似的，平淡地說：「謝謝你，那我就準備一個人的晚餐好了！人生如住店，隨緣而來，隨緣而去，我的兒子也是一樣！」

「莫非我走錯了地方？」修行者心想，「我是來這裡學佛的呀，但是這裡的人一點人情味都沒有，看來傳授他們佛法的釋迦牟尼也好不到哪裡去。」修行者心灰意冷，準備返程，但他轉念又一想，既然來了，豈能空手而歸？最少也要問問釋迦牟尼是怎麼讓這些人變得這麼沒有人情味的。

見到佛陀，修行者說明來意，佛陀微笑著說：「你錯了，這些人是真正的明白事理啊！他們知道人生無常，傷心悲哀無濟於事，所以能正視這一自然規律。而塵世之人不明此理，互相貪慕愛戀，等到突發事件來臨，就會痛不欲生。若能明白無常之理，一切煩惱自然盡除，這樣才能獲得真正的自在和解脫。」

修行者當下了悟。

修行者的境界，普通人是難以企及的，讓世人都像他們那樣生活，顯然也不現實。我們講這個例子，只不過是為了讓大家明白，諸如生活中的種種苦難，像生、老、病、死或其他不幸，其實都是人生的必經階段。我們只能適應這個現實，並爭取在殘酷中發掘一些快樂和甜蜜。

　　莊子是歷史上少有的超脫之人。《莊子》上記載，莊子的妻子死了，惠子前往弔唁，一進門，卻發現莊子坐在地上，一邊敲打著瓦盆一邊唱歌。惠子說：「妻子跟你生活了一輩子，為你生兒育女，照顧你，如今死了，你不傷心哭泣也就算了，還敲著瓦盆唱起歌來，這也太過分了吧！」莊子說：「你說的不對。她剛剛去世的時候，我何嘗不難過得流淚！只是細細想來，她最初是沒有生命的；不僅沒有生命，也沒有形體；不僅沒有形體，也沒有氣息。在若有若無恍恍忽忽之間，那最原始的東西經過變化產生了氣息，又經過變化產生了形體，又經過變化產生了生命。如今又變化成初始狀態，這種變化就像春夏秋冬四季那樣運行不止。現在她靜靜地安息在天地之間，而我卻還要哭哭啼啼，這不是太不通達了嗎？所以也就停止了哭泣。」

　　莊子認為，人的生命是由於氣之聚，人的死亡是由於氣之散，姑且不論他這番道理是否經得起科學檢驗，就以他對生死的態度來說，便遠在常人之上。「千古艱難唯一死」，人生最難突破的便是生死，因為一個人活在世界上，最在乎的往往是死亡的問題，有些人甚至到了說都不能說的程度。其實，正如同我們不說死亡，死亡也從未遠離我們一樣，不幸絕不會因為我們忌諱它就遠離我們。有天就有地，有陰就有陽，那麼，有幸福，就應該有不幸。我們對自然界的一切都能習以為常，為什麼唯獨對不幸不能接受、難以忘卻？更何況塞翁失馬，焉知非福？

　　如果你感到你的生活實在太難堪，你的不幸令你難以維持下去，那麼請你暫時容忍片刻，讓我來告訴你一個終極故事：

　　一個美國青年坐在酒吧裡喝悶酒。他近來很煩，經常光顧這裡。一位調酒師小心地問他：「先生有什麼困難嗎？說說看，也許我能幫的上忙。」

　　年輕人冷冷地看了他一眼：「我的問題太多了，沒有人能幫我解決。」

調酒師微笑著說：「我在這裡工作多年了，我 15 歲就出來打天下，也有過你這種感覺，後來一位高人指點過我，明天，如果可以的話，我帶你去一個地方，他曾帶我去過那裡……」

年輕人點點頭。

第二天，他們如約出發。

年輕人做夢也沒想到，調酒師竟把他帶進了一座陵園。

調酒師指著一座新墳，說：「躺在這裡面是沒有問題的。不管你的問題有多少，也不管你有多麼不幸，只要能活下去，你就是幸運的。」

年輕人豁然超脫。

能夠活著，本身就是一種莫大的幸事。只要我們還堅強的活著，我們總得往前走。我們需要的是採取行動，而不是浪費時間去感嘆自己的不幸遭遇。

第 05 堂課

簡單 —— 人生為何如此多事

‖越簡單，越幸福‖

一個美國商人坐在墨西哥海邊，一個墨西哥漁夫划著小船靠了岸，船上有十幾條肥美的鮮魚，商人大為羨慕，他走上前去，恭維──番後，問漁夫需要多長時間才能抓這麼多的魚。

漁夫說：「一會兒功夫就抓到了。」

商人再問：「那你為什麼不多做一會兒，多抓一些魚？」

漁夫不以為然：「這些魚已經足夠我一家人生活所需。」

商人又問：「那麼你一天剩餘的時間都在做什麼？」

漁夫解釋道：「我呀？我每天睡到自然醒，然後出海抓幾條魚，回來後和孩子們玩一玩，再跟老婆睡個午覺，黃昏時晃到村子裡喝點小酒，跟朋友玩玩吉他，我的日子過得又悠閒又充實！」

商人想了想，幫他出主意道：「我是美國哈佛大學企管碩士，我可以幫你的忙！你應該每天多花一些時間抓魚，賣了錢你就可以買條大一點的船，自然你就可以抓更多魚，再買更大的漁船，時間一長你就可以擁有一個漁船隊，到時候你就不必把魚賣給魚販子，而是直接賣給加工廠，或者你可以自己開一家加工廠，如此你就可以控制整個生產、加工和銷售，發展到一定程度，你就可以離開這個小漁村，搬到墨西哥城，再搬到洛杉磯，最後搬到紐約，在那裡生活，經營你不斷擴大的企業。」

漁夫問：「這得花多長時間？」

商人回答：「大概二十年。」

「然後呢？」漁夫接著問。

商人笑著說：「然後你就可以享受生活啦！時機一到，你就可以上市，把你的公司股份賣給投資者。到時候你可以幾億幾億地賺！」

「再然後呢？」漁夫又問。

商人說：「到那個時候，你就可以退休啦！你可以搬到海邊的小漁村，每天睡到自然醒，上午出海隨便抓幾條魚，回來後跟孩子們玩一玩，再跟老婆睡個午覺，黃昏時晃到村子裡喝點小酒，跟朋友玩玩吉他……」

「我現在不就是這樣嗎？」還沒等商人說完，漁夫困惑地問。

這個故事還有另一個版本：一個教授旅遊時發現了一個牧童，問他放羊做什麼？牧童說「賣錢」；教授又問賣錢做什麼？牧童說「娶老婆」；教授接著問娶老婆做什麼？牧童說「生孩子」；教授再問生孩子做什麼？牧童說「放羊」。教授大笑後感慨道，農村孩子畢竟不如城裡孩子。其實真是那樣嗎？城裡人不也是在工作賺錢、賺錢後結婚、結婚後生孩子中輪迴嗎？或許農村人在很多方面的確比不上城裡人，但在幸福指數上，他們肯定比城裡人高。

有一次搭計程車，車上的收音機裡正在播放一段談心節目，一位女士向主持人求助說自己煩惱太多，每日困擾其中，不堪重負，主持人耐心地聽完她的抱怨後，就問她究竟為哪些事情煩心，不妨舉例說明，於是這位女士打開了話匣子：「我現在的薪水只能負擔一間房子，但我的同事們很多人都有兩間以上，兒女們的房子都準備好了。我上班的地方其實挺方便的，騎自行車十分鐘就能到，但看著同事們都買了車，我也貸款買了一輛，可是油價一天比一天貴，停車費也要錢……鄰居的孩子去國外留學了，我也得存點錢，好把孩子送到國外學校去讀……我朋友的老公每年都會送給她價值不菲的生日禮物，而我卻是全家出去吃一頓而已，點菜的時候還得顧著老公和孩子……主管的孩子要結婚了，同事們私下商量了一下，決定都包六千，否則以後在公司怎麼混呢……噢，我家的廚房太小了，影響了我的廚藝，我想換個大的……

人生就是這麼不公平，我們認為最有理由抱怨的人，往往一言不發，而這些已經生活得很好的人，卻還在強烈不滿，這只能說她們是心理作怪了。生活原本很簡單，生活本不該複雜，是人們在私欲、面子、虛榮心和盲目比較之中，自己把自己的生活複雜化了。

現如今，人們追求的越來越多，擁有的也越來越多，但幸福和自由卻越來越少，原因就在於人對生活的需求還是吃喝拉撒睡，但生活細節卻大大地複雜了：寫字，是用電腦還是用手寫呢？打電話，是用座機還是用智慧型手機呢？洗衣服，是用手洗還是用洗衣機或者拿到洗衣店呢？做飯，是用電鍋還是電磁爐或者微波爐還是去麥當勞肯德基抑或是去餐館呢？化妝，要用那個霜還是那個露或者那個奶抑或那個面膜，再不敷兩根小黃瓜？出門前應該穿哪件上衣，配哪條裙子、哪雙鞋子、哪雙襪子、哪個帽子？背哪個包？掛哪件飾品？要不要戴個假髮……諸如此類，再堅強的人也得被折騰得疲憊不堪。

自古以來，一切先哲都主張過一種簡樸的生活，以便不為物役，保持精神的自由。事實上，一個人為維持生活和健康的所需物品並不多，超乎於此的皆屬於奢侈品。它們固然提供享受，但更強求於服務，反而成了一種奴役：電腦壞了，我們便寫不了字；手機壞了，我們立即心慌慌；停了電，幾乎無法生活……是生活變了嗎？生活還是老樣子，是我們把本來就很簡單的生活複雜化了。

古時候，有個僧人向禪師請教：「禪師您修習禪道很用功嗎？」

禪師說：「當然。」

僧人又問：「那您是怎樣用功的呢？」

禪師說：「很簡單，餓了就吃飯，睏了就睡覺。」

僧人臉上露出不屑的神情，說：「世上有誰不是餓了吃飯、睏了睡覺，

難道說世人都像禪師一樣,是在參禪用功嗎?」

　　禪師說:「你只知其一不知其二,兩者實際上不一樣。」

　　僧人問:「怎麼不一樣?」

　　禪師說:「他們吃飯時百般挑剔,睡覺時輾轉難眠,怎麼可能跟我一樣。」

　　禪師的回答,是很多人的真實寫照。吃飯睡覺的確再簡單不過,但是許多人卻偏偏食不知味、輾轉難眠。其實這也怪不得人們。人們之所以窮其一生追名逐利,是因為人生在世,無論貧富貴賤,窮達逆順,都不是生活在真空裡,要生存要發展,就得追求。但是,凡事都應有個尺度,把物質當成人生的終極追求,肯定會給人帶來無盡無休的苦惱。

　　當然,簡單代替不了一切,任何事物都需從兩面甚至多面著眼。該奮鬥時我們還得奮鬥,該努力時我們還得努力。我們畢竟還有儒家的思想,還有所謂「天行健,君子以自強不息」,我們還提「苟日新,日日新,又日新」,我們是讓人奮進的、讓人努力的,多虧還有這樣的思想傳統。但是我們也不能不認真地來面對:幸福並不完全是從生產力、從 GDP ——不僅僅從這一方面得到,我們還要考慮到人民本身對幸福的感覺。

∥ 你為什麼這麼忙 ∥

　　美國人安卓·帕拉底歐(Andrea Palladio)是目前為止建築史上作品被模仿最多的建築師,他曾經說過這樣一句話:「人們大可不必那樣忙!」

　　成名之前,急急忙忙的帕拉底歐一天到晚沒有閒著的時候,除了設計和研究,他還要用去將近一半時間去管一些雜七雜八的事。很多朋友都說:「你怎麼那麼忙,好像時間總不夠用?」這個問題,帕拉底歐自己也

搞不清楚。直到有一天，有一位學者對他說：「你大可不必那樣忙！」

　　一語驚醒夢中人，帕拉底歐恍然大悟。經過深刻的反省，他發現，原來自己曾經付出巨大努力的很多事，其實都沒什麼用。它們不但無助於自己取得成就，反而使自己日益忙碌，疲憊不堪。

　　在接下來的日子裡，帕拉底歐徹底拋開了那些雜七雜八的事情，一門心思把時間花在最有價值的事情上。結果沒多久，他就寫出了被譽為建築學聖經的《建築四書》（*I Quattro Libri dell'Architettura*）。

　　我們也需要靜下心來反省一下自己：我是不是太忙了？這種忙碌究竟給我帶來了什麼成就？當你確定現在的自己就像一個團團亂轉的陀螺，永遠都有忙不完的事情卻從來沒忙出任何成就時，那麼請立即跳出那個惡性循環的循環。一個人的精力是有限的，把時間用在了這件事情上，在另一件事情上花費的心思必然就會減少，事實證明，只有量的累積才能引發素質的提升，而平均分配時間基本上相當於浪費時間。人生匆匆，千萬別讓小事耽誤你的行程。

　　對於已經有所成就的人來說，又該如何呢？國學大師南懷瑾說過：「人生求名求利求能幹，要功名，要富貴俱足的人，都是不願意好好地活著。忙忙碌碌地過一生，賣命換來的功名利祿，最後功成名就，自己也不見了，就像一個蘋果一樣落下地來。所以，莊子認為，自己的價值沒有發揚，沒有好好地活著，都是自找的麻煩。」

　　很明顯，大師是在教導世人，所有的物欲、功名、利祿都是浮雲，所有的繁雜最終都要歸於簡單，只有簡單的生活才能使心靈少一些負累，才能使自己更快樂、更自在。他是這樣說的，也是這樣做的。南懷瑾不僅生活簡樸，在社交方面也力求減少不必要的應酬。對於那些想請他來壯聲勢、拉名氣的個人或組織的請柬，南懷瑾總會毫不疑慮地拒絕。這絕不是所謂的「架

子」或「不給面子」，而是「口子一開，就再也簡單不下去了」。

2007 年憑藉《金色筆記》（*The Golden Notebook*）一書榮獲諾貝爾文學獎的英國作家桃莉絲‧萊辛（Doris Lessing）也深有同感。當年，她在接受英國廣播公司採訪時坦言「得獎太累」，這導致她「可能沒有時間和精力再創作一部新的長篇小說」，因為她「所做的一切就是接受採訪，花時間去拍照」，這對她而言不啻於「一場災難」。

美國著名作家愛琳‧詹姆絲（Elaine St. James）在《心靈簡單就是美》（*Inner Simpicity*）一書中這樣說道：「我們當今的生活已經太過複雜了。在歷史進程中，從來沒有像今天這個時代一樣擁有如此多的東西。一直以來，我們總被太多的物欲誘導著，我們總是誤以為自己只要努力就一定會擁有一切東西，然而，這些東西事實上卻讓我們沉溺其中並且心煩意亂，因為它使我們失去了創造力。與其這樣忍受折磨，不如勇於捨棄它們，給自己的心靈騰出更多的閒置時間來，這樣才能使我們永保精力去進行創造！」

愛琳年輕時就已經成名，除了寫作，同時她還是一個投資人，兼一家地產公司的顧問。就這樣沒黑沒白地奮鬥了十幾年後，突然有一天，當她端正地坐在自己的辦公桌前，呆呆地望著那張寫滿了諸多事宜的排程表時，她的心不由地顫動了一下 —— 她再也無法忍受這種令人發瘋的日子了！於是，她取消了當天所有的電話預約，清理了辦公桌上所有的報紙和雜誌，註銷了所有的信用卡……原來她每天至少要做 80 多件事，現在她只需做十幾項甚至更少。因此，她找回了大量空閒的時間，心靈也得到了休整，整個人快樂了許多。

是啊，一個人每天究竟有多少事是不得不去做的？又有哪些事情是可以刪除或者說是必須刪除的呢？別再過例行公事的生活了，你必須從現在

開始化繁就簡，減少那些程序化的活動，使我們的心臟從重壓中解脫出來。

　　你的辭典裡是不是也該刪去一些東西呢？跳出為忙碌而忙碌的循環，享受簡單的生活，我們或許活不到 150 歲，但我們每一天都會比現在過得更快樂。

別讓小事綁架你的生活

　　著名畫家張大千生前留有一把濃密的鬍鬚，風采飄逸。據說有一次閒聊，一個朋友好奇地問他：「大千，晚上睡覺時，您是把鬍子放在被子外面，還是放在被子裡面呢？」

　　張大千不禁一愣：「這……我以前從來沒有留意過。這樣吧，明天我再告訴你。」

　　晚上睡覺時，張大千想起了朋友的話。他先是把鬍子放在被子外面，感覺好像不太舒服；於是他又把鬍子拿到被子裡面，感覺也不自然……就這樣反反覆覆折騰了一晚上，張大千也沒有想明白：以前想都沒想過的問題，怎麼現在卻這麼讓人頭痛呢？

　　其實，鬍子放在被子裡還是被子外，這種問題根本不值得考慮。煩惱都是自找的，我們常常讓自己因為一些小事、一些應該不屑一顧的小事弄得焦頭爛額。人生不過百年，而我們卻把太多的光陰浪費了很多明天就會被所有人都忘掉的小事上。不要這樣，活簡單點，也讓身邊的人活簡單點，大家就能都快樂點。

　　戴爾·卡內基講過一個頗具普世價值的小故事：

　　我的姑媽伊蒂絲和姑丈法蘭克住在一棟被抵押的農莊裡。那裡的土壤較差，灌溉條件又不良，收成也不好。他們的日子很艱難，每一個小錢都

得省著用。可是伊蒂絲姑媽卻喜歡買一些窗簾和小飾品來裝飾她的窮家，她曾向一家小雜貨店賒過這些東西。姑父法蘭克很擔心他們的債務，而且不願意欠債，所以他私下裡告訴雜貨店老闆，不讓他賒東西給我姑媽。我姑媽聽說以後，怒氣衝天 —— 雖然這件事已經過去了將近 50 年，可直到現在她還在大發脾氣。我曾經不止一次聽她說起這件事。我最後一次見到她時，她將近 80 歲了。我對她說：「伊蒂絲姑媽，法蘭克姑父這樣羞辱你確實不對；可是你有沒有覺得，自從那件事發生之後，你差不多埋怨了半個世紀，是不是有點過分呢？」不管她承認與否，我的姑媽對這些不愉快的記憶所付出的代價實在太大了 —— 她付出的是她自己內心的平靜。

絕大多數原本恩愛的夫妻分道揚鑣，都是由於一些雞毛蒜皮的小事。當然，這未嘗不是好事。如果讓他們這樣生活一輩子，那才是悲哀。

哲學上有一個奧卡姆剃刀定律（Ockham's Razor），簡單說來就是我們在處理事情時，不要把事情人為地複雜化，對於那些無關緊要的細枝末節乃至累贅，必須無情地「剔除」。生活中，不論你面臨什麼問題，都應該這樣問問自己：「什麼是解決這個問題最簡單、最直接的方法？我這樣做是否有助於解決問題，還是會把問題更加複雜化？」

曾有作家說：「很多時候，讓我們疲憊的並不是腳下的高山與漫長的旅途，而是自己鞋裡的一粒微小沙礫。」對於我們多數人來說，生活都是由無數的小事組成的。影響我們心情的，也往往是一些非常微小的事情。例如：早上等車時被人踩了一腳，途中又遇到塞車，上班時主管意味深長地看了一眼，晚上回家時擠不上公車，回家後孩子正在看卡通沒寫作業……諸如此類，如果我們過多的拘泥，那麼我們的人生就沒有太多的樂趣可言。所以，千萬別讓小事綁架你的生活，它不僅會打破你內心的平靜，還會阻擋你前行。

古印度有一個叫愛地巴的人，涵養不好，喜歡為小事和人鬥嘴，又容易生氣，每次生氣時他都會以很快的速度跑回家去，繞著自己的房子和土地跑三圈，然後坐在地上喘粗氣。

幾十年光陰彈指過，逐漸老邁的愛地巴變成了附近最富有的人，但他的脾氣絲毫未改，還是喜歡與人爭論，生氣的時候還是要繞著房子和土地跑三圈。

「為什麼愛地巴那麼容易生氣，還要繞著房子和土地跑三圈呢？」人們非常困惑。但是無論怎麼問，愛地巴從不開口。

直到有一天，愛地巴很老了，他的房子和土地也已經太大了。這天，他又跟人鬥嘴生了氣，他拄著拐杖艱難地繞著土地和房子轉，整整用了一天的時間，他才走完三圈，然後坐在田邊喘粗氣。

一直跟著他轉圈的孫子懇求說：「爺爺，您能不能告訴我您一生氣就繞著土地跑三圈的祕密？」

這一次，愛地巴說出了隱藏多年的祕密，他說：「年輕的時候，我一和人吵架、爭論、生氣，就繞著房子和土地跑三圈，一邊跑一邊想，自己的房子這麼小，土地這麼少，哪有閒心和人生氣呢？一想到這裡，氣就消了，接著努力工作。」

孫子又問：「爺爺，你現在是這裡最富有的人，為什麼還要繞著房子和土地跑呢？」

愛地巴說：「我現在還是會生氣，生氣時繞著房子和土地跑，一邊跑一邊想自己的房子這麼大，土地這麼多，何必跟一般人計較呢？一想到這裡，氣也就消了。」

人在江湖，身不由已，誰都難免有生氣的時候。有的人一生起氣來，就氣上半天，這樣不僅對身體不好，有時還會引發悲劇。用別人的錯誤來

懲罰自己，實在是件不划算的事。在生氣時，不妨想一想：我有時間去生
氣嗎？我有必要生氣嗎？或許就會消氣。

第 06 堂課

獨立 —— 勇敢地挺立在天地之間

‖天上地下，唯我獨尊‖

「天上地下，唯我獨尊」出自佛教典故：

2500 多年前，古印度有個小國叫作迦毗羅衛國（Kapilavastu），國王叫喬達摩・首圖馱那，他的名字的意思是「純淨的稻米」，因此人們稱他為「淨飯王」。淨飯王娶了鄰國天臂城善覺王的長女摩訶摩耶為妻，二人感情很好，但結婚多年，王后一直沒有生兒育女。直到淨飯王 50 歲、摩耶王后 45 歲時，王后才「偶然」懷孕。

據說，摩耶王后是由於睡眠中夢見一頭六牙白色大象騰空而來，從右肋進入了王后的腹中才懷孕的。王后懷孕後，每日心情都非常愉快，再無憂慮與煩惱，更沒有發過怒氣，斷絕了貪欲和虛偽心情，每天只是喜歡到幽靜樹林和水溪旁散步。

按照古印度的風俗，妻子頭胎分娩必須回娘家，丈夫不可同行。結果摩耶王后在回娘家的途中，經過迦毗羅衛城和天臂交界處的蘭毗尼花園時，感到有點旅途疲乏，就下轎到花園中休息。當摩耶王后走到一棵蔥蘢茂盛的無憂樹下，伸手去撫摸樹枝時，驚動了胎氣，就在樹下生下了太子。

太子誕生的時候，天空仙樂鳴奏、花雨繽紛，諸天神拱衛。一時間宇宙大放光明，萬物欣欣向榮。天空直瀉下兩條銀鏈似的淨水，一條溫暖，一條清涼，來為太子沐浴。太子剛生下來就能自己行走。每走一步，他的腳下就湧現出一朵蓮花。在向東南西北各支出七步後，太子右手指天，左手指地，大聲宣稱：「天上地下，唯我獨尊。」

緊接著，迦毗羅衛全國不斷出現吉兆：渾濁的河水變得清澈了，五穀豐登，花木繁茂，人與人之間也變得和睦了。不僅與太子同日出生的孩子，母子都十分健康，就連同日誕生的牛馬，也都十分健壯，連一根雜色

鬃毛都沒有。

淨飯王聽說摩耶王后在藍毗尼花園生下了太子，高興萬分，立即帶領眾多的宮女侍臣和特製的華麗的大轎，趕到藍毗尼花園，將王后和太子接回皇宮。太子誕生後的第五天，淨飯王請了許多全國有名望的學者來為太子取名。經過討論，大家一致同意太子應取名叫喬達摩‧悉達多（Gautama Siddhartha）——也就是我們熟知的佛教創始人釋迦牟尼（Sakyamuni）。

和許多宗教故事一樣，釋迦牟尼的誕生也帶有明顯的神話色彩。但這並不妨礙我們從中領悟佛的思想和精神。比如佛陀剛剛誕生之際便說「天上地下，唯我獨尊」——乍聽起來倒像是出自武俠小說中的魔教教主之口，實際上卻是我們的理解過於表面化了。「唯我獨尊」中的「我」，並不是指個人的小我，而是眾生的大我，是指大千世界的每一個人。佛陀是在開釋我們：人人皆有佛性，人人皆可成佛。在這個世界上，「我」是最重要的，是獨一無二的存在，一切的一切都要以「我」這個本性為根本，為主導，而不必聽命於任何人或任何所謂超乎人的神。每個人都應該不受任何影響、任何牽制、任何牽絆的活著並追求更好的生活，既不傷害他人，也不壓制自我。想一想，當你擺脫了各種膜拜、物欲、迷惑和假象的束縛，還有什麼能夠控制你？那不就是唯「我」獨尊嗎？當你覺悟到了這一點，你也可以對著天地大喊一聲「天上地下，唯我獨尊」！

這個故事流傳到唐末，又有了後續版本：有個學僧向當時的著名禪僧雲門請教說：「師父，佛經上說佛陀剛出生就向四面八方各走了七步，步步生蓮，然後一手指天，一手指地，說『天上地下，唯我獨尊』，這句話是什麼意思？」雲門說：「可惜我當時不在場，我要在場，一棒子打死餵狗，圖個天下太平。」到了宋朝，又有一個學僧就這個典故請教當時的高

僧惠洪，惠洪竟說：「如果我當時在場，連雲門文偃也一棒子打死餵狗。」

其實，雲門文偃要打死的並不是佛陀，而是那些編造神話，騙人蒙人的歪嘴和尚，同時打醒那些見廟就燒香、見佛就磕頭卻連最基本的佛學知識都不懂的迷信之徒。佛陀和我們一樣都是人，有父親，有母親，出家前還有妻子和兒子，怎麼可能一生下來就能走路？能說話？佛陀以及歷代高僧的覺悟、成就及造詣，完全歸功於他們的才智和努力，沒有人能隨隨便便成功，當然也沒有人可以生而為佛。而惠洪，之所以說要把雲門文偃也打死餵狗，則是為了破除那個學僧盲目崇拜權威偶像的心理。現代社會，有很多所謂的權威，甚至變相的權威和偶像，他們會禁錮你的頭腦，束縛你的手腳，比如：學歷、金錢等等。不要盲目地附和眾議，從而喪失獨立思考的習性；也不要無原則地屈從他人，從而被剝奪自主行動的能力。

人一定要自信，一定要有獨立的精神和意識，一定要瞧得起自己。只有自信，才能不迷信；只有獨立，才能不盲從，才能有所前進，有所創新；只有瞧得起自己，才能成就自己。「研究莎士比亞的人永遠也成不了莎士比亞」，不突破盲從、因襲、自卑、奴性的心理障礙，我們永遠都是別人精神上的奴僕，也注定不能成為有所建樹的人。

唐朝時，有個叫南陽慧忠的高僧，他身邊有一個侍者，勤勤懇懇地服侍了慧忠 30 多年，卻始終不能悟道，慧忠很想助他開悟。這天，慧忠出其不意地對侍者高聲叫道：「侍者！」侍者立即回答：「禪師！幹什麼？」慧忠說：「不幹什麼！」

過了一會兒，慧忠又叫：「侍者！」侍者又立即回應：「禪師！做什麼？」慧忠又說：「不做什麼！」

如此反覆多次，慧忠突然對侍者改口道：「佛陀！」侍者不解，問道：「禪師，您在叫誰？」

慧忠不得已，只好開示道：「我在叫你啊！」

侍者還是不解：「禪師，我是你的侍者，不是佛陀啊！」

慧忠長嘆一聲：「唉！你將來可別說是我辜負了你，其實是你辜負了我啊！」

侍者卻說：「禪師，不管怎麼樣，我都不會辜負你，您也不會辜負我！」

慧忠再嘆一聲，連連搖頭：「唉，事實上你已經辜負了我。」

侍者到底怎麼辜負了慧忠呢？很簡單，對於一個悟道的人來說，佛陀也好，侍者也罷，其實質不過一個空空的名號。這個愚痴的侍者跟隨慧忠 30 餘年，卻連一個空空的名號都不敢承擔，這只能說明他對佛法的本質根本不了解。饒是慧忠一再引導，苦心開示，也終如對牛彈琴，對霧揮鞭，全然無用。現代人常說的「有什麼樣的定位，就有什麼樣的人生」，拿破崙‧波拿巴（Napoleon Bonaparte）說的「不想當將軍的士兵不是好士兵」，說的都是這個道理。學佛你就奔著成佛去學，當兵你就奔著當將軍去當，做事業你就奔著成功去做。千萬不要把自己定位於一個「侍者」──我們都是還沒成功的成功人士。

靠天靠地，不如自立

清代書畫家鄭板橋一生難得糊塗，唯獨在教育後代方面一點也不含糊，稱得上教子有方。史料記載，鄭板橋 52 歲方得一子。當時他官居縣令，有田產三百畝，他的兒子也算是含著金湯匙出生的富家子弟。但鄭板橋從不溺愛兒子，注重言傳身教。直到病危時，還不忘最後一次教育兒子。

這天，鄭板橋的病情更加惡化，人們都在擔心他的身體，他卻提出讓兒子親手給他做饅頭吃。兒子根本不會做，但父命難違，而且看著父親越來越虛弱，恐怕難以支撐多久，兒子只好答應。

然而兒子根本不知如何下手，站在那裡乾著急。鄭板橋便指點兒子，可以請廚師指導，不過必須自己親手學著做，不能讓廚師代勞。結果兒子費了半天功夫，終於將饅頭做成，可是當他把自己親手做的饅頭送到父親面前時，鄭板橋已經氣絕身亡！

兒子悲痛欲絕。忽然，他發現茶几上放著一張紙條，趕緊拿起來看，只見上面寫著：「淌自己的汗，吃自己的飯，自己的事自己做，靠天靠地靠祖宗，不算是好漢！」看罷，兒子恍然大悟，明白了父親臨終前要他親手做饅頭的用意 —— 自力更生，自強不息！

52 歲才得一子的鄭板橋，對兒子的鍾愛之情可想而知，但他的做法卻顯得那麼特立獨行。應該承認，疼愛子女是人之天性，但過度的溺愛卻讓很多人從小養成了凡事依賴的習慣。有人幫助當然是好事，然而父母畢竟照顧不了我們一輩子。所謂「自立者，天助也」，只有自力更生，你才能學會從自身力量的源泉中吸取動力，從自身的力量中品嘗到甜蜜的味道。不要再說什麼「學好數理化，不如有個好爸爸」，因為喪失自主能力的人，才是最不幸的人。也許你現在一無所有，但只要你還懂得自立自強，即使是最窮苦的人也有登及巔峰的時候。對於有志者來說，成功的道路上根本沒有不可戰勝的困難；成功的大門，也永遠只為那些自立自主的人敞開著。

有一個美國富二代，他在自傳中詳細描述了自己如何從一個敗家子成長為成功人士的過程：

我的父親不但事業成功，而且為人慷慨。從我上高中起，他便允許我隨時用銀行的帳號開支票。上大學後，我更是精於此道了。我完全不知道

錢的價值，更不知道要用什麼方法去賺取，我只知道如何用父親的帳號去簽寫支票。

這樣的生活一直繼續到父親過世。父親給我留下了一塊相當大、而且十分值錢的土地，位置就在密蘇里河下游靠近萊新頓一帶。我開始以農夫自居，但沒多久，大蕭條橫掃全美，我的農莊開始呈現嚴重赤字。我抵押了一片土地去償還債務，但不景氣繼續維持下去，使我不得不把那片抵押的土地以極低的價格賣出。後來，由於我的情況越來越糟，便又以同樣的方法陸續把田地抵押並最終賣出去。

最後，算總帳的日子終於來臨了。我知道我已一無所有。假如我要繼續活下去，得出去找一份工作 —— 那是我以前從未做過的事。我苦不堪言，夜不能寐。直到目前，我唯一的技能是開支票，但這方法行不通了。我完全不知道應該怎麼辦。

一天早上，當我再一次從睡夢中醒來時，終於知道自己必須面對事實。我對自己說，滑雪橇的童年已經過去，現在你已長大成人，行事當然也要像個大人。起來吧，要起來工作！

除了面對自己的困境之外，我也開始尋找自己究竟信仰什麼。以前，我一直人云亦云地認為美國是個充滿機會的國度，只要努力，便能達到追求的目標。如今，雖然正值蕭條時刻，工作機會不多，但我個人仍有一些長處。至少，我的健康狀況良好，有一份大學文憑和一些商業知識，還有從失敗和錯誤中得到的經驗與體會。現在，我需要的是採取行動，而不是浪費時間去感嘆自己的不幸遭遇。

我完全了解自己的生活和想法。對我來說，找份工作並不容易。但是我不能讓自己頹喪下去，我必須強迫自己用信心來取代恐懼和疑惑。我要相信這個國家是個充滿機會的地方，只要有決心，人人都可爭得一席之

地。就是這份信念，使我堅持了下去，絕不輕言放棄。

　　不久，我在堪薩斯市的一家財務公司謀得一個職位，並在那裡愉快地工作了整整 4 年。後來我辭去職務，再度回到土地上。這一次，事情進行得順利多了。我慢慢建立起自己的信用，並逐漸擴大事業的範圍。我買進賣出，獲得不少利潤。感謝多年來失敗給我的教訓，這一次，我走上了成功路。我失去的產業，都被我再度賺了回來。我的努力沒有白費，但更重要的，是我把這些寶貴經驗都傳給了兩個兒子。這比單獨只給他們財富要有意義多了。

　　確實，再多的財富都不如一雙勤勞的手和一顆上進的心。易經中有句話：「天行健，君子以自強不息。」每個人都應該像天宇一樣運行不息，即使顛沛流離，也要不屈不撓。一個人一旦走上自強的道路，他的力量將是不可估量的；一個人一旦自立了起來，那麼無論有多麼大的困難，他就總能克服。

　　我們經常說「富不過三代」，原因就在於那些在優越環境中長大的人，從小由於沒吃過苦，不懂生活的艱辛，因此也就不知道自強自立的重要性。在這種環境中成長，就像從小被人綁在兩根拐杖上，一旦將他的拐杖拿去，他自然會重重摔倒，而且很難爬得起來。

┃按自己的節拍起舞┃

　　一架輕型飛機飛行途中失事墜毀，機上原有一位駕駛員、一位小姐，還有一隻要趕赴表演的猴子。駕駛員、小姐都不幸當場罹難了，只有猴子僥倖逃過這一劫，而且毫髮未傷。

　　空難調查人員急切想了解飛機失事的原因，所以就從猴子身上著手調查。由於這隻猴子聰明異常，又受過一些訓練，對於人類的語言多少可以

了解其意。於是，調查人員便向猴子詢問飛機起飛時的狀況。猴子邊叫邊指著駕駛舵，然後比劃出駕駛飛機的滑稽動作。再指著小姐，裝模作樣做出端盤子正在服務的姿態。最後指著自己，表示乖乖地坐在座位上。

「飛機怎麼失事的？」見猴子提供了這麼多寶貴的線索，調查人員大為興奮，立即追問。猴子立即指著小姐，比劃出一副很陶醉忘我的樣子。調查人員不解其意，叫猴子趕快說出當時駕駛員在做什麼？猴子雙手裝出被人擁抱的姿態，嘴巴做成親嘴狀，露出親熱的表情並發出「嗞嗞」的聲音。

「那時你在做什麼？」一個調查人員繼續問。

猴子立刻肅然端坐，正經八百地比劃出雙手操縱操作桿的樣子。

這個寓言告訴我們：把自己的方向交給別人，那就失去了自我。常聽人說：「我這簡直是戴著鐐銬跳舞」，其實，一個人之所以會戴著鐐銬跳舞，很大原因還在於他沒有自主性。沒有人逼著我們戴上鐐銬，加入群舞，但現實生活中的很多人就是習慣不了獨舞，習慣不了按照自己的節拍起舞。

著名影星林青霞曾經說過：「從影 22 年，我演過無數角色，從飄逸的清純玉女演到刀裡來劍裡去的男人，從《窗外》演到《東邪西毒》，整整演過 100 部戲、100 個角色，但我認為最難演同時也是自己最想演好的角色就是我自己，但是我演自己演得最差，基本上就是坐在這裡說一個很爛的演講。」其實，演不好自己的又豈止林女俠一人？看看我們身邊，有幾個能夠真正的掌握自己？有誰能夠做到百分之百不在乎世人的眼光？

不妨再把那個老生常談的笑話拿出來談一談：

父子二人騎驢去趕集。父親怕兒子累著，就讓兒子騎驢，自己走路，路人見了紛紛議論：「這兒子真是不孝，自己騎驢，讓老爸走路。」父子倆趕緊對調了一下，可路人還是議論紛紛，說這當老人的真不像話，自己

騎驢，讓小孩子走路。算你狠！父子倆一商量，說那我們都騎驢吧，看他們還說什麼。沒想到路人還是有話說——說他們虐待動物——那驢子又不是很大，兩個人騎上去還不得把驢子壓死？真是沒人性。父子倆只好跳下驢子，一起步行，結果還是有人說：呆瓜年年有，今年特別多，這兩人有驢不騎，自己走路……

　　這個笑話不僅說明了無論我們怎麼做，群眾都有話可說，也說明了無論做什麼事都很在乎別人的看法，很怕別人說。別人一說，他們就好像被別人的嘴巴控制了一樣，積極配合、熱烈回應，以期得到別人的認可，而且是越廣泛越好。彷彿別人不認可他他就絕對不好，別人一認可他他就真的很棒。事實上怎麼可能呢？最注重結果，鮮花和掌聲永遠屬於成功者。如果你不能讓他們看到你的成功，那麼對不起，他們非但永遠不會認可是你，反而會越來越鄙視你。再者說，即使你成功了，你也不可能符合所有人的標準。所以，趕緊做回自己，想騎驢就騎驢，想走路就走路，否則耽誤了趕集就是真正的傻子了。

　　走自己的路，讓別人說去吧！——這是義大利詩人但丁（Dante Alighieri）在《神曲》（*Divine Comedy*）中的名言。眾所周知，這本是但丁瀟灑、自信、堅持自我的宣言，但時至今日它卻更多地被用來調侃。「走別人的路，讓別人無路可走」，就是其一。調侃無罪，但我們應該牢記這句話的實質——面對抉擇時，堅持做好你自己，而不是在世俗的眼光、無情的嘲諷中將自我扼殺，流於別人的認可。

　　挪威劇作家亨里克·易卜生（Henrik Johan Ibsen）有句名言說：「人的第一天職是什麼？答案很簡單，做自己。」是的，做人首先要做自己，首先要認清自己，掌握自己的命運，實現自己的人生價值。你不是宇宙的主宰，甚至都不能成為一個家庭的主宰，但每個人都應該是自己的主宰。

　　現實生活是殘酷的，為了生存，很多人都在做著自己不願意做的事情，且似乎已經習慣了在忍耐中生活。許許多多的人，甚至在不知不覺中把自己的靈魂交付給了別人，讓別人掌控自己的心靈。

　　拿出你的魄力！趕緊擺脫這種心靈上的奴隸狀態，實現心靈的自由，否則你將永遠處於環境或他人的擺布之下。

　　儘管就人生和成功而言，其中的確有一些共同或共通的東西可以遵守，前人的，別人的等等。但人一定要活出自己的風格，尤其就藝術領域而言。一個作家，一個畫家，一個音樂家，他們的價值其實就在於他們的「與眾不同」。我們可以想像一下，如果世界上的作家們寫的東西都是同樣的體裁，同樣的手法，同樣的故事情節，那該是多麼無趣的一件事情？

第 07 堂課

平視 —— 平視世界，平視自我

‖ 每個生命都不卑賤 ‖

佛經中有這樣一個故事：

有一次，佛陀出外弘法，在某城看到一個清潔婦，她的臉上和手上都是泥垢，衣服又破又髒。看到佛陀從遠處走過來，清潔婦立即自慚形穢地躲到了一個角落裡。

佛陀有心渡化她，於是徑直走過去，對她說：「你為何要逃避我呢？很多人一看到我，或聽到我的名字就很歡喜，情不自禁的想親近我。為何你看到我卻躲得遠遠的？」

清潔婦膽怯地說：「佛陀啊，我也非常敬仰您啊！但我是一個低賤的人，身上又這麼髒，我是怕汙穢了您，才不敢接近您。」

佛陀慈悲地告訴她：「你錯了！在我的心目中，既沒有髒的人，也沒有卑賤的人。你回去沐浴更衣，再來聽我說法吧！」

清潔婦非常開心，她虔誠地跪倒在佛陀面前，行禮說：「佛陀啊！我真的可以跟其他人一樣去聽您講經說法嗎？」

佛陀說：「當然，你儘管來吧！」

一邊早圍滿了人，那些自以為有身分地位的人，看到佛陀如此親近一個清潔婦，都覺得佛陀這麼做有辱身分。

佛陀看出了他們的心思，就說：「清淨並不單指外表的清淨，而是指心的清淨。街道上每天都這麼乾淨，從何而來呢？是因為有像她一樣的掃街者啊！她的身體和衣服雖髒，但是她的心地比你們清淨。你們看到了嗎？她沒有驕慢，她無所求，她還擁有一顆謙虛的心。」

接著，佛陀開導眾人說：「你們自以為是社會上有地位的人，所以驕慢自負，對人起分別心，因此你們的心地其實一點也不清淨。」

說到這裡，只見遠處走來一位容光煥發、衣著端莊的婦人。佛陀問大家：「你們看看她是誰？」

眾人一看，正是那位清潔婦。

佛陀說：「你們看，現在她與你們又有什麼不一樣呢？」

沒有人不喜歡潔淨，誰都知道清潔工的工作很重要，但沒有人會從小立志成為一名清潔工。矛盾的心理，變態的心態！每個生命都不卑賤，有的只是卑賤的人格。沒有清潔工、挑糞工，又怎麼顯得出衣冠楚楚的偽上班族、假小資族們呢？

人人生而平等。這是從理論上講的。實際上，除了出生的那一瞬間，人與人就很少有平等的時候。不用說窮二代、富二代、權二代，單是同一個屋簷下長大的兄弟姐妹，就有人受寵，有的不招人待見。

平等，無論古今，都是一種稀缺的東西。因而人們習慣於把不平等視為正常，把平等視為不正常。而長期的不平等環境不是滋生高高在上的主子意識，就是培養卑躬屈膝的奴才意識。就是沒有平等意識。平等太少，平視和平等待人也就頗不容易。因而，能夠以平等之心待人便顯得越更加珍貴。

法國電影明星埃瑞克·羅伊德（Eric Lloyd）年輕時，有一次自己去修車，接待他的修車女工長得非常漂亮，技術也很好，這一切都吸引了羅伊德，他想進一步和女工接觸，便問她：「你喜歡看電影嗎？」

「當然喜歡，我是個影迷。」女工回答。「車修好了，您可以走了，先生。」女工接著又說。

羅伊德卻有點邁不動腳步，問：「小姐，你可以陪我兜兜風嗎？」

「不，我有工作！」女工毫不遲疑地拒絕了他。

羅伊德並不死心，又追問道：「既然你喜歡看電影，那你知道我是誰嗎？」

「當然知道，您一來我就認出了您是當代影帝埃瑞克‧羅伊德。」女工平靜地回答。

「既然如此，你為何對我這樣冷淡呢？」羅伊德問。

「不！先生，您錯了，我沒有冷淡。您有您的成就，我有我的工作。您來修車是我的顧客，如果您不是明星來修車，我也一樣接待您。人與人之間不應該是這樣的嗎？」

人與人之間應該這樣，但人與人之間往往不這樣。古語有云：「吃得苦中苦，方為人上人」，言下之意，讀書是一件很苦的事，但我們為什麼要吃這些苦呢？是為了做「人上人」。好不容易做了「人上人」，如果還與「人下人」平起平坐，平等相待，那這苦，豈不是白吃了？沿著這一邏輯，上司與下屬、老闆與員工、富人與窮人……永遠有高低上下之分，絕不可以站在同一水準線上。久而久之，形成了「合理的不平等觀念」——勢利。

有一次，宋代大儒蘇東坡外出遊歷，走著走著來到一座廟宇，他信步而入，正巧遇到廟中管事的老和尚，這僧人見蘇東坡衣著簡樸，毫不華麗，心想這肯定不會是什麼有權有勢的名人，沒什麼過人之處，用不著巴結，就冷淡地指了指門邊的凳子對蘇東坡說：「坐。」然後轉身對一位弟子吩咐道：「茶。」

蘇東坡絲毫沒放在心上，他坐在門邊的凳子上和老和尚聊起來。聊著聊著，老和尚發現這位客人談吐不凡，絕對不是一般的書生，心裡暗暗後悔剛才太不禮貌，這樣想著，他連忙將蘇東坡引進大殿，客氣地說：「請坐！」然後對弟子高聲道：「敬茶！」

坐定之後，老和尚主動攀談，問起來客的尊姓大名，這才知道面前坐的正是鼎鼎大名的蘇東坡。老和尚心想這下糟了，得罪了名人，連忙站起

身向蘇東坡作揖，熱情地把他引進客廳，恭敬地說：「請上坐！」又對弟子喊道：「敬香茶！」

休息片刻，蘇東坡起身告辭，告別時，老和尚請他題字留念。蘇東坡微微一笑，提筆寫下一副對聯：「坐請坐請上坐，茶敬茶敬香茶。」

不要鄙視這位老和尚，生活中比他勢利者大有人在。老和尚雖然看不起蘇東坡，但畢竟為他提供了無償服務。而我們生活中的某些人，即使賺著你的錢，卻還是百分之百地看不起你，絲毫不把你當顧客看。

人為什麼勢利？有人認為這是人的社會性決定的，是一種無奈，不勢利，就會被打壓、被排斥、被坐冷板凳。不管這算不算歪理，一定程度上這是客觀事實。但，「勢利」畢竟是一個直接與「小人」掛鉤的貶義詞。人應該平等，應該平等相待。不論他是春風得意，還是窮困潦倒，他首先是一個人，理應得到「人」的待遇。

脫下「優越」的假名牌

所謂「優越感」，簡單來說就是自我感覺良好。美麗的容貌、殷實的家境、廣博的知識等等，都能讓人產生優越感。平心而論，有優越感總比自卑好，但一個人若時時刻刻都覺得自己很優越，那就不是自信，而是狂妄、囂張了。心中存有這種輕浮的自我意識，就好比穿著假名牌上街，只能彰顯自己的俗豔與膚淺。

有一個笑話，說有一個剛畢業的博士生，由於在所裡他學歷最高，因此他平常的言行舉止很是囂張。

一個週末，他到公司後面的小池塘去釣魚，正好正副所長也在。他只是微微點了點頭，心想跟這兩個大學生，有什麼好聊的？

不一會兒，正所長放下魚竿，健步如飛，蹭蹭蹭地從「水面上」走到對面上廁所。博士驚得眼鏡都快掉下來了：水上飄？不會吧？

幾分鐘後，正所長蹭蹭蹭地從水上飄了回來，繼續釣魚。博士雖然好奇，但放不下架子去問 ── 自己可是博士啊！

正想著，副所長也站起來，同樣健步如飛，蹭蹭蹭地飄過水面上廁所。這下博士更是吃驚了：連副所長也這麼厲害？

副所長漂回來後，博士也內急了。他思前想後，覺得大學生能過的水面，博士也一定能過，於是拔腿就跑，只聽「撲通」一聲，博士栽到了水裡。兩位所長趕緊把他拉上岸，問他這是演的哪一齣？他不好意思地問：「為什麼你們可以走過去我卻走不過去？我想上廁所……」

正副所長哈哈大笑，笑罷說：「這池塘裡有兩排木樁子，由於這兩天下雨漲水正好在水面下。我們都知道這木樁的位置，所以可以踩著樁子過去。你怎麼不問一聲呢？」

這當然只是一個故事，但類似的事情生活中卻很普遍：都市人看不起鄉下人，正職看不起臨時工，騎自行車的看不起走路的，生兒子的看不起生女兒的，二奶看不起三奶，大流氓看不起小流氓……

其實，大家都是人，每個生命都是值得尊重的。高官也好，平民也罷，大家本質上是沒有卑賤和顯貴之分的，所有的頭銜，都是我們這個功利社會人為創造的符號。你可以自我感覺良好，可以坦然接受恭維、讚譽、羨慕，但心裡千萬別騰雲駕霧，彷彿自己真的高人一等，更不要把你的優越性變成傷害別人的工具。自以為是，處處覺得自己比別人強，事事都是自己最好，只會讓很多本不該發生的麻煩發生，傷人害己。

匪夷所思的是，有些人的優越感似乎是「天生」的，即使自己沒有優勢、沒有能力、沒有創造、沒有成就，卻仍能時時刻刻地自我感覺良

好。或者,他們過去可能真的優越過,但時過境遷,自己明明已經今非昔比,心態卻跟不上形勢變化,總是拿過去的黃曆看事情。這種優越,其實是精神勝利,是鴨子死了嘴硬,是不肯面對現實。

眾所周知,現在普遍存在著大學生就業難的問題。在全球經濟仍不樂觀的今天,在每年新增數萬大學畢業生的今天,就業危機是不可迴避的現實,而且在一定時間內不可能得到100%的解決,甚至會更加嚴峻。但是另一方面,我們的「天之驕子」們在抱怨壓力大、競爭激烈的同時,是否曾經考慮過自己的心態問題呢?或者說,你是不是一個眼高手低的人?

很多年輕人,剛剛走出校園時,總是對自己抱有很高的期望,認為自己一開始工作就應該得到重用,就應該得到相當豐厚的報酬。但眾所周知,由於剛剛踏入社會的人缺乏必要的工作技能和相關經驗,根本無法委以重任,薪水自然也不可能很高,於是他們信心也沒了,熱情也沒了,工作上能應付就應付,能少做就少做,最終高不成低不就。

像蘑菇一樣成長

成功學中有一個「蘑菇定律」,簡單來說就是大多數人剛開始工作或創業時,都像一株被置於陰暗角落的蘑菇,或者被人忽略,或者不受人重視,弄不好還被人有意無意地踩上一腳(各種挫折)。但這沒什麼不好,當上幾天「蘑菇」,經歷一些挫折,能夠消除很多不切實際的幻想,讓我們更加接近現實,更加理性、踏實地去追求、去努力。「蘑菇」的經歷對一個人成長來說,就像蠶繭,是羽化前必須經歷的痛苦過程。

我們都學過那篇古文:舜發於畎畝之中,傅說舉於版築之間,膠鬲舉於魚鹽之中,管夷吾舉於士,孫叔敖舉於海,百里奚舉於市……最後作者

孟子得出了一個結論 ── 生於憂患，死於安樂 ── 這當然沒得懷疑，但我們稍微轉換一下視角就可發現，這些古代著名成功人士在成功之前也都做過「蘑菇」。這樣一想，你還有什麼不開心的呢？

當然這不能從本質上解決問題。這個世界不相信眼淚，也不相信養心術。美國人有一個諺語：想讓火雞崇拜你，那就把自己練得像鴕鳥那麼大。我們則說，想讓別人注意你，重用你，讓成功青睞你，那就先像蘑菇一樣成長。

曾任惠普公司董事長凱莉‧奧菲麗娜（Carly Fiorina），號稱世界第一女 CEO，但她剛開始工作時，也不過是一個普普通通的接線生，接電話、打字、影印……在一般的碩士研究生看來，這是無法接受的，但凱莉知道，自己除了一些行銷學的理論知識外，甚至連接通電腦電源這樣的小事都不會，現在還沒資格討價還價，因此她選擇了埋頭做事，並且從中學到了不少東西。

老子說：「天之道，損有餘而補不足。人之道，損不足以奉有餘。」意思是：大自然最公平，它總是在不經意間維持著萬物的平衡。多的，給它減點；少的，給它補點。而人類社會卻是「高崗填土，低窪澆水」，多的，讓你更多；少的，讓你更少，很不公平。西方有一個與之類似的「馬太效應」，簡單來說就是一個人如果獲得了成功，什麼好事都會找到他頭上。想讓好事找到自己頭上，唯一的辦法就是努力成為自己所從事的領域的領頭羊，並且不斷地奔跑，盡力拉開與競爭對手的距離。但是，在你還未成為領頭羊之前，你只能像一株蘑菇似的默默成長，直到積蓄起足夠的力量。

有本書的書名取得讓人很不舒服 ──《不怕被利用，就怕你沒用》，言下之意，人生最大的悲劇不是被人利用，而是沒有被人利用的價值。一

個人，想被人利用也好，想被人重視、重用也罷，前提都離不開努力提升自己的價值。事實上，這也是孔子的教育理念之一。子曾經日過：「不患人之不己知，患不知人也。」意思就是不要整天擔心沒有人了解你的價值，要擔心自己到底行不行。那些總是抱怨自己懷才不遇的人，其實是自以為是加自艾自憐。

有一個年輕人，自以為滿腹經綸，學冠中西，但始終找不到理想的工作。一開始，他還只是哀嘆自己懷才不遇，恨沒有伯樂賞識他這匹千里馬。時間一長，他慢慢地對社會感到失望，甚至產生了輕生的念頭。

這天，他來到大海邊，打算就此結束自己的生命，好在一位老人恰好從這裡走過，把他從鬼門關拉了回來。老人問他，年輕輕的為什麼想不開？他恨恨地說，既然得不到社會的承認，還不如死了算！

「噢？這麼說你很有本事？」老人笑著，從腳下的沙灘裡撿起一粒沙子，讓他看了看，然後隨手一撒，對他說：「你能不能把我剛才撒在地上的那粒沙子撿起來？」

「這根本辦不到！」年輕人說。

老人沒有說話，從自己的口袋裡掏出一顆晶瑩剔透的珍珠，隨意扔在地上，然後對年輕人說：「那你能不能把這個珍珠撿起來呢？」

「這當然可以！」

「那你就應該明白：你之所以得不到別人的認可，就在於你還不是一顆珍珠，所以你就不能苛求別人立即承認你。如果要別人承認，那你就要由沙子變成一顆珍珠才行。」

年輕人幡然醒悟。

很多時候，我們之所以得不到世人的認可，是因為我們只是一顆普通的沙粒，而不是價值連城的珍珠。不管我們服不服氣，話語權和決定權乃

至解釋權始終掌握在「珍珠」的手中，如果自己還不是珍珠，就不要抱怨不被注意，柏楊先生說過，「那還不如自行車輪胎漏氣的聲音有意義。」抱怨，只會讓人更加看不起我們。與其如此，不如做一朵默默成長的蘑菇。等我們成長到足夠大，再爭取我們想要的所有權利。

第 08 堂課

定位 —— 有什麼樣的定位，就有什麼樣的人生

‖ 野心是人生的第一桶金 ‖

如果問，成功 —— 這個讓人激動又煩悶的名詞，為什麼總是與大多數人無緣？答案應該有很多，有時候，一個人能否成功甚至與老天爺有關。但是當我們真正開始思考如何才能成功時，你可能已經察覺到，成功其實開始於一種思想狀態，也即人們通常說的野心，或者說叫夢想。野心也好，夢想也罷，眾所周知的是，「心靈力量」早已被越來越多的科學家所證實。「成功源自於想要成功的心態」，也已經被越來越多的人所接受，並切實創造出了令人矚目的成就。

來看一個經典的案例：

1998 年，法國大富翁巴拉昂因前列腺癌病逝於法國博比尼醫院。這位僅用了 10 年時間便迅速躋身於法國 50 大富翁之列的媒體大亨，臨終前留下了這樣的遺囑：將他名下的 4.6 億法郎捐獻給博比尼醫院，用於研究前列腺癌。剩下的 100 萬法郎作為獎金，獎給那些解開「貧窮之謎」的人。

不久，法國《科西嘉人早報》（Corse matin）刊登了巴拉昂的遺囑，大意如下：我曾經是一個窮人，但卻是以一個富人的身分走進天堂的。在跨入天堂的大門之前，我不想把我成為富人的祕訣帶走。我把祕訣鎖在了法蘭西中央銀行我的私人保險箱裡，保險箱共有 3 層，3 把鑰匙分別在我的律師和兩位代理人手中。我的問題是 —— 窮人缺少的是什麼 —— 如果誰能透過回答問題猜中我的祕訣，他將得到我的祝賀。當然，那時我已無法從墓穴中伸出雙手為他的睿智鼓掌了，但是他可以從那個保險箱裡拿走 100 萬法郎（如果有多人答對，獎金平分），那就是我的掌聲。」

遺囑刊登後，立即引起了軒然大波，除了少數人批評《科西嘉人早

報》此舉純屬炒作以外，很多人在最短時間內寄出了自己的答案。

之後便是相關話題的此起彼落。窮人到底最缺少什麼呢？大部分人認為，窮人嘛，當然最缺錢了，有了錢，就不再是窮人了。也有人認為，窮人最缺少的是機遇。窮人之所以窮，就是因為沒遇到好時機。此外，還有人認為，窮人缺技能、缺知識、缺人脈、缺關愛等等，甚至有搞笑的人回答說「窮人缺的是總統的職位、皮爾卡登外套、《科西嘉人早報》，以及法國沙托魯城生產的銅夜壺」等等。

很快到了巴拉昂逝世一週年紀念日，也就是謎底揭曉的日子。在巴拉昂的律師、代理人和公證部門的監督下，那個保險箱被工作人員打開了。結果在 48,561 封來信中，只有一個年僅 9 歲的小女孩蒂勒猜對了巴拉昂的祕訣，她的答案是 —— 野心！

搞笑的是，在頒獎之日，當《科西嘉人早報》的記者帶著所有人的好奇問蒂勒「為什麼想到的是野心而不是其他答案」時，蒂勒這樣回答道：「每一次，當我姐姐把她 11 歲的男朋友帶到家裡時，她總是反覆地警告我說『不要有野心！』『不要有野心！』我想，也許野心這種東西可以讓人得到自己想得到的東西吧。」

第二天，這段問答刊登在了《科西嘉人早報》上，再次引起了不小的震撼，而且被很多歐美國家的報刊轉載，美國一家電視臺還不失時機的進行了一系列的專訪，受訪者不是好萊塢的新貴，就是其他行業的富豪，幾乎所有的受訪者都毫不掩飾地承認 —— 野心是所有奇蹟的萌發點。沒有野心，就沒有今天的財富和成就。

野心是所有奇蹟的萌發點！這一點都不誇張。世上無難事，只怕有心人！成功並不難，就怕沒野心。想都不敢想，難道天上會掉餡餅嗎？夢都不敢做的人，你能指望他有出息嗎？

　　蕭伯納（George Bernard Shaw）有一句名言：「一般人只看到已經發生的事情而說為什麼如此呢？我卻夢想從未有過的事物，並問自己為什麼不能呢？」人不能自我設限，把自己定義為平庸人士，過於安貧樂道。我們要有勇氣夢想自己成為一位名醫、一個畫家、作家……並且全力以赴地去實現它，千萬不要習慣慵懶怠惰的日子。

　　不要說自己沒有第一桶金，如果丟了夢想，給你資金只會把你嚇到！

　　不要說自己年屆而立仍一事無成，因為同樣的年紀，劉備還在織蓆子、編斗笠。不要說是自己的起點限制了你。因為胡雪巖是從倒尿壺做起的，李嘉誠是從倒茶水做起的。他們都沒有一個有錢的祖先，但他們都成了有錢人的祖宗。

　　更不要說自己笨，因為從解剖學上來說，無論是胡雪巖、李嘉誠，他們的腦細胞並不見得比我們多幾個。他們的智慧，都是後天學習、累積的。他們唯一比我們強的，就是他們敢想敢為。

　　總之，現狀不是你的罪，但你若滿足現狀，你就沒資格享受鮮花和掌聲。想改變命運，譜寫人生，就從現在開始，把自己定義成未來的成功人士，並付諸堅持不懈地努力。那麼從現在開始，你已經走向了成功。

┃夢在心中，路在腳下┃

　　春天，母雞和母鷹同時教各自的孩子飛翔。一天下來，小鷹跌得遍體鱗傷，小雞卻毫髮無損。母雞有點看不過去，指責母鷹虐待兒童。母鷹笑笑，什麼也沒說。

　　第二天，第三天……小鷹依舊遍體鱗傷，小雞依舊毫髮無損。

　　但幾個月後，小鷹飛上了藍天，小雞卻只飛上了牆頭。

母雞酸溜溜地問：「老天真是不公平！憑什麼讓你們鷹類搏擊長空，卻讓我們雞類在牆頭上撲騰？」

「你忘了你是怎麼激勵小雞的嗎？孩子，快飛上牆頭，那裡有你最愛吃的玉米！你們的目光太短淺了，所以你們注定與天空無緣。而我們鷹類，就算是死，也不允許自己苟且偷生！」

上面這個寓言充分說明了「志當存高遠」的重要性。人們常說，先做人後做事，那麼做人從哪裡開始？答案是從立志開始。

相關調查顯示，人群中成功者的比例大概占到全人類的 3%，而大部分之所以終其一生都無法進入這 3% 之中，一個很重要的原因就在於他們沒有雄心壯志。沒有「鴻鵠之志」，自然就沒有強烈的動機，自然只能與燕雀為伍。而那些出類拔萃、傲視蒼生者，也無一例外地得益於自己的雄心壯志。

想當年，出身貧雇農的陳勝，站在大秦王朝的田埂上，說出了日後傳誦千古的六個字：「苟富貴，無相忘」，心是好的，卻遭到了夥伴們的恥笑：你個種地的，哪裡來的富貴？迫的陳勝再吐豪言——燕雀安知鴻鵠之志哉！這話雖然說得很不符合身分，但卻是一個草根進入菁英階層之前的必要心理準備。結果，他年他月他日，陳勝果然富貴了。雖然他的失敗來得也很快，但他畢竟證明了即使現在傭耕，也應該樹立他日富貴的大志。

秦朝丞相李斯，年輕時只是楚國上蔡一個小小的糧倉管理員。有一天他上廁所，驚動了廁所裡的一群老鼠，這些在廁所裡棲身的傢伙，個個瘦小枯乾、毛色灰暗，身上又髒又臭，讓人噁心。再想自己在糧倉裡看到的老鼠，牠們一個個腦滿腸肥，皮毛光亮，整日在糧倉裡逍遙自在，與廁所裡的同類真是天壤之別！再想想自己，在這個小小的糧倉中一待八年，從未看過外面的世界，這與廁所裡的老鼠何異？於是李斯決定換一種生活，第二天他就離開了上蔡，尋找自己的糧倉之路。20 多年後，他便成了一

人之下萬人之上的大秦丞相。雖說其「倉鼠理論」歷來為正人君子所不齒，他的結果也很慘，但終究也是波瀾壯闊的一生。

諸葛亮，未出隆中時只是一個「山野村夫」，卻經常自比管仲樂毅，結果為一班腐儒所笑，但事實證明，諸葛亮確實是一個有大抱負的經天緯地之材。可見，唯有在志向上「會當凌絕頂」，才有可能在事業上「一覽眾山小」。

晚清民族英雄左宗棠，雖數次落第，依然「身無半畝，心憂天下」，砥礪不已，結果贏得了許多名流顯宦的賞識和推重，最終成為了亂世之中的中流砥柱，為收復失土做出了巨大貢獻。

……

然而話說回來，志向遠大固然重要，但路還是要一步一步地走。美國詩人愛默生（Ralph Waldo Emerson）說過：當一個人年輕時，誰沒有空想過？誰沒有幻想過？想入非非是青春的標誌。不錯，幾乎從剛會寫字起，我們便在日記中記下了自己的夢想：我長大要做企業家、做大官、做科學家……然而今時今日，大部分人只能像文章開頭故事中的小雞那樣，無法飛得更高、更遠。問題出在哪裡呢？答案就是：大多數人缺乏腳踏實地的精神。

歷史上最典型的例子非項羽所屬。項羽少年的時候，不好好讀書，學劍也未學成，他說：「書足以記姓名而已，劍一人敵，不足學，學萬人敵。」於是項梁開始教他兵法。但他學習兵法也是淺嘗輒止，最後導致他志大才疏，烏江自刎。可見，成功絕不是說說「彼可取而代之」之類的豪言那麼簡單。

美好的事物是人們共同嚮往的，但是我們所追求的事物是否是真實的呢？如何讓夢想和現實統一起來？這是一個必須考慮的問題。有的人給出

了最好的答案 —— 先從夢中醒來。

很多人都推崇晚清重臣曾國藩，市面上關於他的書一出再出。但很少有人知道，曾國藩小時候據說天賦很差，普通孩子很快就能掌握的文章，他往往要背上很久。有一天，他在書房背書，一篇文章念了數十遍，還是沒有背下來。這時有賊人光臨，潛伏在屋外，準備等曾國藩睡覺後撈點好處。可左等右等，曾國藩總也不睡，只是翻來覆去地讀那篇文章。最後賊人大怒，推門而入，大罵曾國藩：「你這個小孩，真是笨死了，這種水準還讀什麼書？我都會背了！」說罷就在目瞪口呆的曾國藩面前流利地背誦一遍，揚長而去！

勤能補拙是良訓，一分辛苦一分才。至少在背書方面，這個賊人要比曾國藩更有天賦，但天賦不等於成就，偉大的成功都無一例外地來自辛勤地勞動。聰明的天賦之於賊人，就是一種浪費。而天賦很差的曾國藩，卻靠著勤學苦讀成為了「當時最有本事的人」之一。

憑心而論，世界上的確有天才，但天才也離不開努力。有人說，天才是打開成功之門的鑰匙，沒錯，但在獲得成功之前，你是不是得先走到門前？有人可能生來好命，但沒有人生來就成功。成功只來自於勤奮。只有讓勤奮扎實前進的步伐，才能最終踏平坎坷成大道，扶搖直上九萬里。

找對自己的位置

多年前，一對德國夫婦為他們正在上中學的兒子選擇了文學這條路，一學期結束，老師在男孩的評語中下了如此結論：該生很用功，但過度拘泥，這樣的人即使有著完善的品德，也絕不可能在文學上有所成就。於是男孩改學油畫，但他既不關心構圖又不喜歡調色，對藝術的理解力也很

差。後來，他的化學老師發現他做事一絲不苟，具備做好化學實驗應有的品格，建議他改學化學。這一次，他的智慧火花被點燃了，其化學成績在同學中遙遙領先，以致後來他獲得了諾貝爾化學獎，他的名字叫奧托‧瓦拉赫（Otto Wallach）。

幾十年後，還是在德國，一個男孩迷上了小提琴，經過一段時間的刻苦練習，父母把他帶到了一位音樂教授面前，當男孩在教授面前勉強奏完一曲後，教授直截了當地告訴他，「這輩子別指望靠拉小提琴出人頭地了。」男孩非常難過，小提琴練習告一段落。據說，直到老年，他仍然只能勉強奏完那支唯一的曲子。但從一定程度來說，他的名字也是唯一的 —— 阿爾伯特‧愛因斯坦（Albert Einstein）。

又過了很多年，一個農夫，為了實現自己當作家的夙願，十年如一日的堅持寫作，但卻始終沒有一篇文章被報刊採納，而且連一封退稿信都沒有收到過。29 歲那年，他總算收到了第一封退稿信。那位編輯在信中寫道：「看得出你是一個很努力的青年，但我不得不遺憾地告訴你，你的知識面過於狹窄，生活經歷也顯得過於蒼白。但我從你多年的來稿中發現，你的鋼筆字越來越出色……」就是這封退稿信，點醒了他的困惑。他毅然放棄寫作，轉而練起了書法，果然長進很快。現在，他已是有名的硬筆書法家。成功之後的他向記者感嘆：一個人要想成功，理想、勇氣、毅力固然重要，但更重要的是，在人生路上要懂得捨棄，更要懂得轉彎！

類似的例子還有很多，比如先學鋼琴後學哲學的馬克思‧韋伯（Max Webe）、先學鋼琴後學政治的賴斯（Condoleezza Rice），先學文學後學生物學的查爾斯‧達爾文（Charles Robert Darwin）等等。他們的成功路，都說明了成功的訣竅就是站在你應該站的位置，去經營你自己的長處。條條大路通羅馬，此路不通，要及時繞行，絕不能在死路裡浪費時間。

　　著名漫畫家朱德庸說過:「我相信,人和動物是一樣的,每個人都有自己的天賦。比如老虎有鋒利的牙齒,兔子有高超的奔跑、彈跳能力,所以牠們能在大自然中生存下來。人也是一樣的,不過很多人在成長過程中把自己的天賦忘了,就像有的人被迫當了醫生,他可能是怕血的,那他不會快樂,更不會成功。人們都希望成為『老虎』,但很多人只能成為『兔子』,久而久之就成了『四不不像』。我們為什麼放著很優秀的兔子不當,非得要當很爛的老虎呢?社會就是這樣奇怪,本來兔子有兔子的本能,獅子有獅子的本能,但是社會強迫所有的人都去做『獅子』,結果出來一大批爛『獅子』。我還好,天賦或者說本能沒有被掐死。」

　　朱德庸這麼說,其實是有感而發。按照一般人的思維,20多歲就紅遍臺灣的朱德庸,上學時成績肯定很好,但他實際上是一個典型的差生,甚至差到了像個皮球似的被學校踢來踢去,到最後連最差的學校都不願意接收。

　　回想起那段日子,朱德庸說:「我的求學過程非常悲慘!學習障礙、自閉、自卑,只有畫畫使我快樂。外面的世界我沒辦法待下去,唯一的辦法就是回到自己的世界,因為這個世界裡有我的快樂。在學校裡受了老師的打擊,我敢怒不敢言,但一回到家我就拿起筆醜化他,然後心情就會變好……開始我也像老師一樣認為自己很笨,後來才明白自己不是笨,是有學習障礙。我發現自己天生對文字反應遲鈍,接受起來非常困難,但對圖形很敏感……幸運的是,我的父母從來不給我施加壓力,一直讓我自由發展。見我喜歡畫畫,爸爸經常裁好白紙,整整齊齊訂起來,給我做畫本。如果我的父母也像學校老師一樣逼我學習,那我肯定要死。每個人都有天賦,但有些人的天賦被他們的家長和社會環境遮蓋了,進而就喪失了。我很感謝我的父親,在我把全部精力投入繪畫時,父親非但沒有阻止,反而大力支持我。」

　　寶物放錯了地方就是廢物。我們常說，尺有所短，寸有所長，每個人都有自己的長處，關鍵的是你能否意識到自己的長處，並努力去經營好它。經營自己的長處，會不斷給你的人生增值加分，而跟自己的短處較勁，只會使人迷失在失敗的泥沼裡。

　　沒有人反對天道酬勤、勤能補拙，可是與其用勤補拙，為什麼不試著把精力用在你原本就很優秀的方面呢？問問自己，我現在從事的工作或事業是我最擅長的嗎？鑽什麼也不要鑽牛角尖。很多目標雖然看上去令人激動，卻不一定適合你。很多領域雖然看上去適合所有人，但同樣不一定適合你。

　　我們要學會跳出圈外審視自己，既不夜郎自大，也不妄自菲薄，對自己有客觀的認知，給自己一個中肯的定位，才不會高估或低估自己的能量，才不會忽略自己的最佳發力點，從而走出一條真正適合自己的人生路。

第 09 堂課
忘我 —— 忘卻自我，才能成就自我

‖ 像一滴水擁抱汪洋 ‖

「一滴水怎樣才能不乾涸？」——這是佛祖釋迦牟尼在一次法會上的問題。沒有人能答得出。最後，佛祖自問自答：把它放到大海裡。

一滴水脫離了大海，遲早會蒸發、滲透、乾涸。同理，我們經常說茫茫人海，社會對於一個人，就好比大海對於一滴水那麼重要。不懂得投入大海的懷抱，他遲早會乾涸。

誰也不想人間蒸發，但有些人總是和這個世界不協調。原因何在？席慕容有句詩：「我孤獨地投身人群中，人群投我以孤獨」，我們不妨試著斷章取義：正是因為我們孤獨的投身於人群中，人群才會投我們以孤獨。換句話說，是我們自己選擇了自絕於人群。

有一個故事：某山有一群猴子，牠們快樂地生活在一起，個個活潑又健康。後來，有人把其中一隻猴子單獨養在了自己的別墅裡，每日餵以最鮮美的水果和各種食物。但這隻猴子卻像患了相思病的人一樣，終日悶悶不樂，「茶飯不思」，沒多久就死掉了。在這一點上，人類與猴子一樣，都離不開他人和社會，否則，人就會像那隻離群索居的猴子，把孤獨深化成一場災難。

比如，2007 年 4 月 16 日，在美國維吉尼亞理工大學致 32 名學生死於非命的凶手韓國留學生趙承熙，案發後，幾乎所有的鄰居都指出，趙承熙自幼非常孤僻，通常都是獨來獨往，非常不合群。幾個同學則說趙承熙「舉止怪異」、「有暴力傾向」。趙承熙的家人也承認，在韓國時，趙承熙就少有玩伴，隨父母到美國後，甚至沒有一個朋友。家裡有客人到訪時，媽媽曾經注意到趙承熙每每手掌冒汗、發抖，有時幾乎說不出話，只能以點頭搖頭表示。為幫助兒子，媽媽曾利用暑假帶他去接受過心理治療。在

此期間，趙承熙經常會畫一些既沒有窗子也沒門的房子。身心科醫師解釋說，這說明趙承熙感到孤獨。

客觀地說，孤獨有時候也是一種財富，一種境界。但這是針對那些能耐得住寂寞的人而言，對大多數境界不到的凡夫俗子來說，孤獨的負面影響不容忽視。因為孤獨是孤僻的溫床，而孤僻則是心理陰暗的代名詞。我們每天沐浴在陽光下，沒理由成為一個心理陰暗的人。我們應該像一滴水擁抱汪洋大海那樣，盡快走出自我禁錮的天地。

有人認為，孤獨是世態炎涼的必然產物，是一種自我保護機制。其實，人走茶涼是一種自然規律，人不走，茶該涼了還是要涼。世態可以炎涼，但我們的心不能涼。否則就是自己畫地為牢。想成功、想快樂、想幸福，我們必須在第一時間和孤獨說再見，重新走入人群，廣結善緣，盡可能多的交朋友。只要你肯積極、熱情地投身於人群，人群也一定會還你更多的熱情。

有一位老人，家中閒房很多，這天，老人在院子裡乘涼，一個青年過來問：「老人家，我想租您的房子，但不知你們這裡的房客是否好相處？」老人笑問：「你們那裡的鄰居如何？」青年抱怨說：「太差勁了，一個比一個不好相處。」老人笑答：「彼此，彼此，我們這裡也一樣。」青年轉身走了。不一會兒，又來了一個青年，向老人問同樣的問題，老人依然以問作答。青年說：「我們那裡的鄰居一個比一個好，大家互相幫助，和睦相處，要不是換了工作，真捨不得離開他們！」老人還是笑答：「彼此，彼此，我們這裡也一樣。」

彼此，彼此 —— 人生很多事情，實際上是先有此才有彼。別人對你的一切態度，往往取決於你對別人的態度。記得有一次，我問一個朋友，你為什麼一見我就笑呢？朋友說，那是因為你先對著我笑啊！原來如此！

世界是互動的，我們要把微笑時刻掛在嘴角，要把熱情時刻留在心中，當你的微笑甜美而又自然，當你的熱情讓人如沐春風，別人一定會給你一個熱情的回應。

孔子曰：「德不孤，必有鄰」，其中，「德」就是美德，「鄰」泛指鄰居、朋友，以及天底下所有願意走在一起的人，整體意思是說，有道德的人是不會孤單的，人們一定會和他親近。相反，一個人如果「孤德」，只知索取，不知付出，只有別人不對，沒有自己不好，他必將成為孤家寡人。沒有人願意與素養低的人在一起，包括本身素養就很低的人。

一個人道德、修養的高下，是決定與他人相處得好與壞的重要因素。道德素養高尚，個人修養好，就容易贏得他人的信任與友誼；如果不注重個人道德素養修養，就難以處理好與他人的關係，交不到真心朋友。我們身邊就不乏這樣的人：他們一事當前往往從一己私利出發，見到好處就爭搶，遇到問題就推諉，甚至拆別人的臺；還有的看自己一枝花，看別人豆腐渣，處處自我感覺良好，盛氣凌人。這些人生活中之所以難有朋友，歸根到底，就是在自身道德素養和個人修養方面出了問題。只要你修身有道，品德高尚，你身邊的好人自然也會多起來。

讓自己沒有時間老

佛光禪師是唐代高僧，有一次，他外出參學 20 年的弟子大智回到禪院，關切地問：「師父，這 20 年來，你老人家還好嗎？」

禪師說：「很好，很好啊。我每天講經說法，著述寫作。像一條魚一樣在法海裡悠遊，世上沒有比這更令我喜悅的生活了。每天，我都忙得很快樂啊。」

大智說：「師父，您年紀大了，應該多花些時間用在身心修養上。」

禪師說：「夜深了，你去休息吧。我們以後慢慢再說。」

次日清晨，大智還在睡夢中，禪師的房中就傳出了陣陣誦經聲和木魚聲。整個上午，禪師不厭其煩地對前來禮佛的信眾引導開示，講說佛法。快到中午時，好不容易看到禪師與信徒談話告一段落，大智就趁著這一空檔，搶著問老師：「老師，分別20年，您每天都是這樣忙碌著的吧。可是，我怎麼看不出您變老呢？」

禪師呵呵一笑：「不是我不老，是我沒有時間老啊。」

「沒有時間老」，其實就是心中沒有老的觀念。孔子說：「其為人也，發憤忘食，樂以忘憂，不知老之將至。」簡單來說就是，一個人為了追求事業，是連吃飯睡覺都可以忘掉的。在追求的過程中獲得的快樂，也是可以讓人忘卻其他煩惱的，甚至連進入老年和臨近死亡，都沒有時間去多想。這並不難理解，艾薩克·牛頓（Isaac Newton）、愛因斯坦等科學家，他們常常為探尋真理而廢寢忘食。他們熱愛自己的工作，並將此作為畢生唯一的追求，已經達到了忘我的境界。

藝術家們則表現得更為直觀一些。有一次，一位禪師剛剛打完鑼，高僧南泉問他：「你剛才是用手打鑼？還是用腳打鑼？」禪師愣在那裡，不知如何回答，於是誠懇求教：「我不知道，請你指導。」南泉笑了笑說：「好好記住這件事，今後遇到明眼人，你就把今天這件事告訴他，請他解答。」後來，禪師遇到了高僧雲岩，雲岩聽罷一笑，說：「這還不簡單嗎？沒有手腳的人才會打鑼。」結果這位可憐的禪師更糊塗了。

沒有手腳如何打鑼？很簡單，不是沒有手腳，而是手腳完全融入了打鑼的動作之中。喜歡音樂的朋友經常看到歌星和樂手完完全全沉浸在音樂當中的神情，性格平靜一點的也是滿臉陶醉，性格激烈一點的就會手舞足

蹈，甚至歇斯底里（Hysteria）的狂吼亂跳，但他們才不管那些呢，他們追求的就是這種天人合一的境界。這又有點像武俠小說中的人劍合一的境界。其他事情也如此，如果總是執著於「是用手打鑼還是用腳打鑼這個問題」，即使你真的很會打鑼，下次也一次打不好。因為你無形中已經給了自己壓力。正確的做法是，不管別人怎麼問，怎麼看，你只管用心打你的鑼就行。完完全全發自內心地、毫不勉強地、自自然然地去做，是做事情的最高境界，懷著這樣的心情做事，什麼事情都能做好。

當代有沒有實例呢？當然有。

1858 年，瑞典的一個富豪人家生下了一個女兒。但沒過多久，小女孩患了一種無法解釋的癱瘓症，喪失了走路的能力。後來，女孩隨家人一起乘船旅行。途中，船長的太太告訴女孩，船長有一隻漂亮的天堂鳥，女孩被船長太太繪聲繪影的描述迷住了，很想親眼看一看那隻鳥。於是她向保姆求助，保姆把她留在甲板上，自己去找船長。女孩耐不住性子等待，轉而要求船上的服務生立即帶她去看天堂鳥。那個服務生並不知道她的腿不能走路，便自顧自地帶她一道去看那隻美麗的小鳥。奇蹟發生了，因為過度的渴望，女孩竟忘我地拉住服務生的手，慢慢地走了起來。從此，女孩的怪病便痊癒了。長大以後，女孩又忘我地投入到文學創作中，最後竟成了史上第一位女性諾貝爾文學獎獲得者，也就是塞爾瑪‧奧蒂莉亞‧洛維薩‧拉格洛夫（Selma Ottilia Lovisa Lagerlöf）。

忘我是走向成功的一條捷徑，只有在這種環境中，人才會超越自身的束縛，釋放出最大的能量。當然，我們也不能太功利，成功畢竟只是人生的一部分。或者說，那些正在為暫時還未成功而悶悶不樂的人，更應該忙起來。

人為什麼會胡思亂想？首先在於他有胡思亂想的時間。對於那些習慣性煩惱的人來說，只要一有時間，他們就會想一些雜七雜八令人煩惱的東

西，就是不想一點樂觀的東西，諸如人生沒有希望，難以取得成就，遲遲走不上正軌，老闆今天說的那句話是不是「有什麼特別的意思」等等。事實上，很多精神病患者都是這樣想來想去最終想得崩潰的。想不想做個快樂的人？想，就讓自己忙起來，讓自己沒時間去煩惱。

走進沒有「我」的世界

某精神病院有一個特殊的病人，他總以為自己是蘑菇，因此他每天都撐著一把傘蹲在角落裡，不吃也不喝。醫生怕他餓死，就想了個辦法，也撐了一把傘，蹲在精神病人旁邊。精神病人奇怪地問：「你是誰呀？」醫生說：「我是蘑菇呀。」病人點點頭，繼續做他的蘑菇。過了一會兒，醫生站了起來，在房間裡走來走去，病人就問他：「你不是蘑菇嗎，怎麼可以走來走去？」醫生回答說：「蘑菇當然可以走來走去啦！」病人覺得有道理，也站起來走走。接著醫生拿出一個漢堡開始吃，病人又問：「咦，蘑菇怎麼可以吃東西？」醫生理直氣壯地回答：「蘑菇當然可以吃東西呀！」病人覺得很對，於是也開始吃東西。幾個星期以後，這個精神病人就能像正常人一樣生活了，雖然他還覺得自己是蘑菇。

這個故事告訴我們：想改變別人，先改變自己；想影響別人，先得拋棄以自我為中心的處世原則。只有尊重對方的行為準則，默默地陪他做蘑菇，讓他覺得你是同道中人，雙方才有進一步交往的可能，你才有可能走進對方的心裡。有一位經濟、文化學者說過：「同流才能交流，交流才能交心，交心才能交易。」其實，這不僅僅是交易的道理，也是決定人生命脈的大問題。畢竟我們每天都在推銷自己，任何事情都得建立在別人認可我們的基礎上。

老子說：「聖人常無心，以百姓心為心。」人與人相處，需要理解、需要心靈的契合，只有放下心中的一切條條框框，走進沒有「我」的世界，我們才能越過人與人之間的心靈鴻溝。

心理學上有一個「人」和「入」效應，簡單來說就是當你讓一個人用雙手的食指做一個「人」字時，大部分人都會站在自己的視角做「人」字，但在對方看來，他做的卻是個「入」字。所以，我們做事情不能以自我為中心，我們越是自我，離正確答案也就越遠。

世界是相互的，但人性是自私的，人不能總是抱著「人不為己，天誅地滅」的牌子為自己的私欲辯護，否則就毫無人性可言。英國有一句諺語叫「點燃別人的房子，煮熟自己的雞蛋」，想想看，這樣的人有誰願意和他打交道呢？

正確的做法是什麼呢？先看完下面的故事再說：

話說春秋末年，齊國王室萎靡，政權落入了田、高、固、鮑、晏五大家族手中，其中又以田家的田恆野心最大，他想篡權，又擔心其他家族勢多人眾，於是他便想透過對外戰爭的方式進一步樹立自己的威信。

說做就做，很快齊國大軍就殺向了近鄰魯國。當時孔子正率領眾弟子在衛國遊學。聽到消息，他大吃一驚：「魯國是我的國家，不能不救。」他權衡再三，派得意弟子子貢去處理這件事。

子貢很快來到齊國，打通關係見到了田恆，但沒等子貢開口，田恆就說：「先生此來，是為魯國作說客吧？」子貢說：「我這次來，專為相國 —— 我聽說『憂患在外面就攻打弱國，憂患在內部就攻打強國』，您的心思我非常清楚，但照您現在的做法，結果只能是為他人做嫁衣裳：打敗了弱小的魯國，功勞是國君和戰將的，沒有你的分，他們的勢力威望大了，相國您就危險了。反之，如果攻打強大的吳國，一時打不贏，就把

你的對頭困在了外面，那時你在國內做事就不會有人妨礙了，你說是不是？」田恆聽了大喜，但齊國大軍已開到了魯國邊境，他也不好突然改變計畫去攻打吳國，子貢又說：「不如我去遊說吳王，讓他發兵打你，你不就有藉口了嗎？」田恆聽後，就派人命令部隊暫時不要進攻魯國，坐等吳軍挑戰。

接著，子貢星夜兼程趕到吳國，對吳王夫差說：「吳國與魯國曾經聯手打過齊國，現在齊國攻打魯國，接下來肯定會打吳國，大王您為什麼不發兵攻齊救魯呢？」吳王說：「我也想攻齊救魯，但聽說越國準備攻打吳國，我想先打敗越國，然後再打齊國。」子貢說：「您不用擔心越國，我願意到越國去一趟，讓越王不敢攻打吳國。」

於是夫差封子貢為吳國特使，命他前往越國。到了越國，子貢對越王勾踐說：「吳王聽說你想攻打吳國，現在正準備打越國，您現在的處境可是太危險了。」勾踐大吃一驚，連忙說：「先生一定要想辦法救我！」子貢說：「吳王很驕傲，你就對他說要親自帶兵幫助吳國攻打齊國，他一定會相信。仗打敗了，吳國實力會大減，越國可以趁機攻打吳國；打勝了，吳王必定要攻打晉國，稱霸諸侯，到時候越國也有機可乘。」越王聽了大喜，一切照辦。

回到吳國，子貢對吳王說：「越王根本沒有攻打吳國的想法，過幾天就會派人來請罪。」五天之後，越國大臣文種果然帶兵來吳，說要和吳王一起去攻打齊國。吳王不再懷疑，遂起大軍攻打齊國。

最後子貢跑到了晉國，對晉定公說：「吳國正在攻打齊國，如果吳國勝了，肯定會來攻打晉國，以稱霸諸侯，大王可要早點做好準備呀！」晉定公說：「謝謝先生的教誨。」結果還沒等子貢返回衛國，齊國已經被吳國打敗了。得勝的夫差果然乘勝殺向了晉國，不料卻中了晉國的埋伏，死

傷無數，越王勾踐乘機起兵攻吳，他先攻下了吳國都城，接著又擒殺了慌不擇路的夫差，結束了自己臥薪嘗膽的生活。

如果我們把子貢比作古代版的大唬弄，相信沒有人反對。事實上，子貢比「大唬弄」還屬害，因為「大唬弄」想唬弄還得有副道具，而子貢卻只靠一張嘴就把春秋諸國唬弄的你來往來，最終達到自己保存魯國的目的。很明顯，這當中離不開過人的口才。但這絕不是能說會道那麼簡單。老百姓常說，會說的不如會聽的，我們也都有過這樣的經歷：好話壞話都說盡了，對方就是不聽。為什麼子貢一說別人就乖乖照辦呢？原因就在於他在考慮自己的同時，也考慮到了對方的利益：為了保住魯國，他先是站在田恆的角度去拉吳國參戰，為了拉吳國參戰，他又站在吳國的角度去越國看風向，為了說服越國，他又站在越國的角度幫勾踐盤算夫差，惹的吳、齊、越各懷鬼胎，最後他還不忘去晉國上好保險，將所有人都引入了自己的預定軌道之中。試想，如果子貢只是想著達到自己的目的，而不去為對方著想，那些爾虞我詐的政治大腕們會聽他的嗎？

所以，無論你想做什麼，與誰合作，都應該像子貢那樣，暫時忘掉自己，學會換位思考，考慮一下：我能為他做些什麼？我能為他帶來什麼？他需要的是什麼？

第 10 堂課

兼愛 —— 助人就是助己，兼愛就是自愛

‖仁者愛人，愛者聖人‖

眾所周知，「仁」是儒家思想的核心，在《論語》中，「仁」字出現達 109 次之多，以至後來有人把孔子的思想概括為「仁學」。

孔子有個弟子叫樊遲，聰敏好學，不恥下問。這天，樊遲問老師什麼是「仁」，孔子說：「很簡單，愛人而已。」

臧文仲是魯國歷史上的大賢人，他執政時，從善如流，賞罰分明，從不居功為己有，為世人所景仰。但是孔子在談起他時卻說：「臧文仲身居官位卻不稱職。他明知道柳下惠是個賢人，卻不舉薦他一起做官。」

柳下惠與臧文仲是同時期人，也是自古以來人們都很熟悉的人物——「坐懷不亂」的典故就由他而來。但見色不動心，還只是他私德的一個方面，他真正的優點是俠義，是一個濟困扶危的人。孔子這句話，就是在批評臧文仲身居高位，不曉得提拔青年，也不曉得提拔賢人，明知柳下惠是賢人，卻不肯任用他。孔子認為，做人不能像臧文仲那樣，只顧自己榮達，哪怕是舉手之勞，也不肯拉人家一把，這是既無仁義之心，也無公道之理。

有一次，另一個弟子子貢問孔子：「假若一個人能給老百姓很多好處，又能周濟大眾，怎麼樣？可以算是仁人了嗎？」孔子說：「這樣的人豈止是仁人，簡直是聖人！就連堯、舜尚且難以做到呢。」

孔子不僅是這樣說的，也是這樣做的。有一次，孔子家的馬棚失火，損失非常嚴重，但孔子回家得知此事，第一句問的竟然不是馬的損失情況，而是傷人沒有。這說明在孔子的眼中，「人」的價值要比任何財富包括馬都重要得多。馬棚塌了可以再蓋，馬損失了可以再買，但人沒有了，就無法挽回了。單從這一點上看，「聖人」的名號孔子就當之無愧。

　　「仁」是一種境界。在孔子看來，他所有的學生中，只有顏回算得上仁者。有一天，孔子的學生子路、子貢、顏回三人陪同孔子出遊，一同來到了魯國邊境的山巒。山下是一大片肥沃的土地，卻沒有耕種，長滿了野草。由於魯國國勢衰弱，常常遭到強鄰齊國、楚國等國的侵擾。山下的這塊土地正好是魯國與齊、楚等國的邊境，孔子看著肥沃的土地因地處交界處被人擱置，感到十分惋惜。他嘆了一口氣，說：「你們三個就前面這塊荒地談談各自的想法，讓我來聽聽。」

　　老師的話剛剛落音，身為武將的子路就迫不及待地回答道：「我願擔當起保衛魯國的責任，敵人的軍隊若從這裡侵入，我就穿上威武的軍裝，高舉戰旗，吹起號角，擂響戰鼓，率領一支軍隊衝向敵軍，奪過他們的帥旗，殺得敵人望風而逃。我再乘勝擴大魯國的疆土，使魯國強大起來。」一番慷慨激昂的「演講」完畢後，還沒等別人搭話，子路又自豪地說：「這只有我仲由才做得到。子貢和顏回，你們就跟在我後邊立功吧！」孔子沒有任何表情，只是淡淡地說：「真是一名勇將。」

　　接著，擅長外交、口才出眾的子貢說道：「這塊土地是一個很好的戰場，齊、楚等國的軍隊會在這裡擺開陣勢進攻魯國。魯國的軍隊也將擺開陣勢在這裡迎戰。戰鼓已經擂響，軍隊互相對峙，在戰爭一觸即發的時候，我穿上外交家的白色禮服，在齊楚的陣營前遊說，坦陳利害，使他們不戰而退。只有我這樣才能挽救魯國。子路和顏回你們倆只要跟著我就行了。」孔子仍然平靜地評論說：「真是一個口才雄辯的外交家。」

　　輪到顏回了，他卻退到一旁不語。孔子再三鼓勵後，他才說：「我希望魯國有一個賢明的國君，讓我輔佐他，實行教化，宣揚禮儀，宣導良好的社會風氣，使魯國強盛起來。與鄰國和睦相處，不勞民傷財建築防禦敵人的城池，把刀劍化為農具，讓牛馬在這片肥沃的土地上自由勞作。永遠

沒有戰爭，男人們不會因戰爭別離妻兒，子路的勇再也無用武之地，子貢雄辯的口才再也無處施展。因為那時天下已經太平。」

孔子聽得呆了，早已沉醉於顏回描繪的美景中，非常感動。過了片刻，他才嚴肅地稱讚說：「這是多麼美好的前景、多麼崇高的道德理想啊！」

在這個故事裡，子路、子貢、顏回都表達出對國家的責任和他們的理想，孔子也都一一予以了肯定，但在這幾個人的思想中，孔子最滿意的還是顏回，因為只有他準確地理解了儒家的理論，這就是「仁」。

應該說，孔子的思想也不乏過時的糟粕，但其仁愛之說還是非常值得今人繼承的。試看，當今世界上的國家中，有很多國家擁有核彈，這些核彈又足以給地球、給人類帶來多少毀滅；再如，一些大國嘴上標榜人權主義，但卻到處施行霸權，抵制其他國家的發展，更在背後蓄意製造國與國之間的矛盾。他們所缺少的正是儒家所提倡的「仁愛」之心。他們所謂的自由、平等，向來都只是在他們自己的小圈子裡施行。

‖ 有多少愛付出，就有多少愛重來 ‖

西方有一個寓言：

耶誕節的晚上，一位夫人看到三位白髮飄然的老者坐在自家門前的臺階上。

「你們一定餓壞了，進屋吃點東西吧！」夫人走上前去，禮貌地招呼老人們。

「哦，謝謝，我們在這裡坐一會兒就走。」老人們回答。

「如果不介意的話，請到屋裡坐一會兒吧！外面這麼冷。我們全家都歡迎三位與我們共度耶誕節。」夫人誠懇地說。

「那麼，你家男主人在嗎？」一個老人問道。

「他就在裡面。」夫人答道。

「你先去徵求一下他的意見吧！」另一個老人說。

夫人趕緊回屋，將此事告訴了丈夫。

「親愛的，你根本不必徵求我的意見。快去告訴他們，請他們進來吧！」丈夫說。

夫人趕緊跑到門外，再次邀請老人們進屋。

「可是，我們不能一起進去。」一個老人說道。

夫人感到疑惑。

那個老人指著一個同伴說：「他叫財富，」接著老人指著另一個同伴說，「他叫成功，我叫愛。」

「我們只能進去一個人，你再和丈夫商量一下，看你們願意讓我們哪一位進去。」另一個老人補充說。

夫人又一次跑回屋，把老人們的話告訴了丈夫，丈夫非常驚喜，他說：「既然如此，我們就邀請財富老人吧！親愛的，快去請他進來！」

夫人卻不同意，她說：「親愛的，我們為什麼不邀請成功呢？有了成功，我們還缺少財富嗎？」

這時，一邊的小女兒插話了：「爸爸媽媽，邀請『愛』進來不是更好嗎？我認為，一個充滿『愛』的耶誕節才是最好的。」

「那就聽女兒的吧！」丈夫對妻子說。

夫人再一次跑出去告訴三位老人：「如果你們不肯一起進來的話，那麼請叫『愛』的老人跟我來吧！」

「愛」朝屋裡走去，另外兩個老人也跟在後面。

「剛才我邀請你們一起進來，你們說不能一起進屋。現在我邀請的是

『愛』，你們怎麼又願意來了呢？」夫人不解地問財富老人和成功老人。

「難道你不知道嗎？哪裡有愛，哪裡就有財富和成功！假如你邀請的是成功和財富，那麼另外兩人就會留在外邊。但是你邀請了愛。愛走到什麼地方，我們就會陪伴他到哪裡。」兩個老人異口同聲地說道。

是的，有愛就有一切。心中有愛的人，無論走到哪裡都會帶給我們感動；這樣的人，自然會受人歡迎，自然比普通人更容易接近成功。所以，即使是在商品經濟日益發達的今天，成功也並不是冷酷的代名詞，財富也並非僅僅展現在金錢與數字上。人與人之間，只有相互付出相互給予相互關心相互敬愛，人間才會產生綿綿不斷的能量與生機，社會才會有更多和諧更多暖意更多活力，幸福和快樂才會常駐人間。

曾經在《讀者》上看過一個故事：

在一個漆黑的夜晚，一位遠行尋佛的禪師走在崎嶇的路上。因為天太黑，行人之間難免磕碰，禪師被行人撞了好幾次。

突然，遠遠地一團昏黃的燈光照亮了黑夜。身邊的一個路人自言自語道：「這個瞎子真奇怪，自己看不見，卻每天晚上打燈籠！」

「瞎子？」禪師聽了不禁一愣，他趕緊詢問路人，「請問，那個打燈籠的真的是盲人嗎？」

「是啊！」路人說，「一開始我也不知道，後來遇見一位附近的村民，這才知道。」

禪師百思不得其解：一個雙目失明的人，他根本看不到路，那麼他打著燈籠走路豈不可笑？或許他有什麼深意？禪師打定主意，一定要弄個明白。

思忖間，盲人已經走到近前。

「敢問施主，您真的是一位盲人嗎？」禪師迎上前去問道。

「是的，我一生下來便雙目失明了。」盲人停住腳步，平靜地回答。

禪師更疑惑了：「那麼，您為什麼還要打燈籠呢？黑夜和白天，對您來說並無分別啊！」

盲人說：「是這樣的。我聽人說，在黑夜裡如果沒有燈光的映照，人們都會變得和我一樣，所以，我點了一盞燈籠。」

禪師聽了很感動，感慨道：「原來施主是為了路人啊！」

誰知盲人卻說：「不是，我是為了自己。」

「為了自己？」禪師越聽越糊塗，「施主到底是為什麼呢？」

盲人緩緩說道：「你剛才走路時，有沒有被路人碰到？」

「有啊！」禪師說：「就在剛才，我撞到了好幾個路人。」

「但我就沒有，」盲人說：「雖說我是盲人，什麼也看不見，但我打著這盞燈籠，既可以為別人照路，也可以讓別人看到我，這樣人們就不會因為看不見我而碰撞我了。」

禪師聽罷頓悟，感嘆道：「我辛苦奔波，到處找佛，卻沒想到佛就在身邊啊！」

無疑，那位盲人點燃的並不是一盞普通的燈籠，而是世上大多數明眼人都無法發現的心靈明燈。很多人都認為，愛別人等於讓自己受損失，因此世上能夠發自內心愛人助人者並不多，大多數人長期之中都在為「我為人人」還是「人人為我」輾轉反側，患得患失。其實，這句俗語存在著必然的邏輯關係——付出的同時得到回報，也即首先要有付出，然後才有回報。先哲曾經說過：「愛人者，人恆愛之」。所以，哪怕是為了我們自己，點燃生命的那盞燈吧！慷慨無私地為別人著想，把助人為樂當成一種習慣，就像播種一樣，你總能看到自己的收穫。

▎無緣大慈，同體大悲 ▎

「無緣大悲，同體大悲」是佛家偈語，據說還是觀音菩薩發的大願。其中，「無緣大慈」指沒有汙染的愛。佛家講究緣分，講究「佛門廣大，只度有緣人」，但觀世音一顆菩薩心，悲憫一切有情眾生，於是便發願說，沒有緣分也是一種緣分，沒有緣分的人，無緣無故的人，我也要愛他、度他，盼他活得快樂。而「同體大悲」，就是說我和他雖然非親非故，但見到他苦我自己也苦，見到他痛我自己也痛。苦在他身，猶在我心；傷在他身，痛在我心。不管有緣無緣，我都要超度他們脫離苦海。

佛法過於高深，我們也不可妄加解讀，還是看一些現實生活中的案例吧：

據史料記載，「先天下之憂而憂，後天下之樂而樂」的北宋名臣范仲淹，兩歲時父親范墉便因病去世，其母謝氏貧困無依，只好抱著襁褓中的范仲淹改嫁，因此少年時代的范仲淹經常受虐待，母親傷心之餘，便把他護送到博山的荊山寺中讀書學習。

寺中生活非常艱苦，范仲淹和僧眾們只能每日食粥度日。有一次，一個小和尚實在太餓，便把范仲淹的粥偷吃了，范仲淹看見了卻沒有作聲。但他的肚子餓得咕咕直叫，沒辦法他就吃了幾口鹹菜，然後跑到後院的泉水邊喝水。長老看到後問他：「你怎麼啃鹹菜喝涼水？以後我讓人分給你一塊乾糧吧，不要再這樣了。」范仲淹卻說：「長老，省出乾糧還是讓師兄們吃吧。」二人一問一答，恰好被躲在樹後的小和尚聽到，他眼裡噙著淚花，從此以後再也沒有動過范仲淹的米粥。

又有一次，范仲淹在山上遇到一位算命先生，他走上前去躬身一禮，問道：「您幫我看一看，我能不能當宰相？」

一個十來歲的小孩開口就要當宰相，把算命先生嚇了一跳，他說：「看你小小年紀，怎麼口氣這麼大？」

范仲淹有點不好意思，他接著問：「要不這樣吧，您再看看，我能不能當個醫生？」

算命先生覺得很納悶，心說這孩子的願望怎麼差別那麼大？於是好奇地問他：「你先告訴我，你為什麼要問這兩件事情？」

范仲淹不假思索地說：「因為只有良相和良醫才能救人啊！」

一個孩子居然念念不忘地想著救人，讓算命先生很感動，於是他假裝看了半天，然後煞有介事地說：「你以後一定可以當宰相。」

後來，范仲淹果然成為了一位出將入相、文武兼備的人才。

范仲淹的故事告訴我們：越是高遠的志向，越是需要一顆無私的愛心。如果不能超越一己之私，事業和人生都會大打折扣。反之，當我們學會了博愛，懂得如何去成人之美，我們必然會受到他人的感激和尊重，「報之以李，投我以桃」，在彼此深情厚意地相互回報過程中，愛和關懷會昇華為感動，感動則轉化為信念和動力，從而為彼此締造一個和諧、友愛的大環境，促進彼此的事業成功。

遺憾的是，生活中的大多數人總是做不到這一點。他們也有愛，但他們的愛太狹隘，他們愛金錢、愛權利、愛自己、愛自己所愛的人、愛那個可憐的小圈子。一旦不符合他們的標準，他們就會祭起心中的毒藥，必欲除之而後快，而結果無一例外的都是兩敗俱傷！其實，太陽普照萬物，無一例外。一燈引燃萬燭，舉室通明。只有相互照應，相互呼應，才能相輔相成，彼此得益。

有一天，一個弟子拿著帳本找到師父佛光，皺著眉頭說：「師父，最近大眾弟子（掛單的僧人）患牙病的很多。牙疼不是什麼大病，但發作

起來難以忍受。我佛慈悲，願意為大家提供方便，可是看牙病的醫藥費實在太貴。如果救治所有患牙病的弟子，需要大筆金錢，實在不是我們寺裡所能負擔的！」

佛光禪師說：「就算不能負擔，也要盡力設法救治！」

「師父，」那個僧人又說，「這些掛單僧人長期住在我們寺中，日受恩澤，但他們非但不說好話，不知回報，反而再三批評，滿腹牢騷。依我看，實在不應該給他們花這筆冤枉錢！」

「不！」佛光禪師說：「這些人嘴裡雖然說不出什麼好話，但我們卻不能因此不為他們裝一口好牙！」

佛光禪師不僅要為大眾僧人裝一口好牙，也為這個徒弟裝了一副好肚腸。佛家講究眾生平等，慈悲為懷，故而佛光禪師才會一視同仁地對待所有僧眾。在常人看來，這是以德抱怨；但從修行者的角度看來，萬物眾生都是佛子。太陽照在好人頭上，也照在壞人頭上，而普照的佛光，反而更應該去度化那些心有微瑕的人。

對於常人來說，做到這一點的確有難度，但是真正的慈悲，是沒有任何前提的。我們不僅要做一個好人，還要做一個成熟的好人。我們必須明白，正是因為社會上缺少關愛，人間才更需要我們的慈悲。不睚眥必報，不耿耿於懷，我們才能真正的解脫，才能大徹大悟、心無旁騖的行走在慈悲的大道上。

唐代的無際大師有一個著名的「心藥方」，又稱「十味妙藥」，分別是：慈悲心一片、好肚腸一條、溫柔半兩、道理三分、信行要緊、中直一塊、孝順十分、老實一個、陰騭全用、方便不拘多少。其中，與慈悲有關的妙藥就占了至少四味：

- 「**慈悲心一片**」：是要我們心中存一片慈悲。不論對這個世界，還是對這個世界上的每個人，都要以一種慈悲的關切心去體諒一切。這也是我們做佛做人修身養性的總基底。

- 「**好肚腸一條**」：便是說我們平時做人行事，都要遵從良心的指引，要心地善良，大肚能容。雖說好人不一定得好報，但是好人卻能心安理得地生活在這個煩擾塵世上。好人永遠不會受到良知的譴責，永遠都沒有內心的煎熬，永遠都快快樂樂地活在紅塵之中。

- 「**陰騭全用**」：陰騭就是陰德，陰德就像自己的耳鳴，只有自己知道。也就是說，我們要時時刻刻善積陰德，多做好事，不求為人稱頌，但求助人為樂。

- 「**方便不拘多少**」：與人方便的也就是給自己預備方便之門。勿以善小而不為，勿以惡小而為之。在這個社會上，不管是給別人多少方便，其結果都是給自己方便，因此何樂而不為呢？

至於其他幾味，看似與慈悲無關，實則也都是以慈悲為基礎、為前提，或者息息相關的。慈悲心實為修身養性的核心。處處慈悲，成佛成祖成聖成君子皆指日可待。

第 11 堂課
創造 —— 創自己的世界，做自己的上帝

‖ 能創造者即上帝 ‖

很多人都聽說過《諾亞方舟》（*Noah's Ark*）的故事：上帝創造了世間萬物和亞當、夏娃後，為他們在東方的伊甸造了一個樂園，讓他們修葺並看守園子，但夏娃受魔鬼誘惑，與亞當一起偷吃了禁果，犯了「原罪」，因此被逐出伊甸園，其子孫也要世世代代受苦。但人們不知悔改，導致人世間的罪惡到了無以復加的程度。上帝非常後悔造了人，並且牽怒萬物，意欲將所有的動物都消滅。幸好上帝覺得一個叫諾亞的信徒還不錯，便讓他用歌斐木造一隻方舟，以便大洪水來時逃生，人類這才得以繼續繁衍……

對於不信上帝的人來說，這只是一個神話故事，不過這個故事的背後卻蘊含著深奧的哲理，那就是：能創造者即上帝。

當上帝把亞當和夏娃逐出伊甸園時，他們為什麼必須要離開？請允許我試著戲說一下──他們沒產權。園子是上帝的，想讓你住你就住，不想讓你住你就得走人。上帝跟生活中某些人沒什麼區別。

別怪上帝無情，要怪就怪自己無能。人一定要做自己的上帝。只有自己的房子，才是永遠的伊甸園；只有自己創造的生活，才能自己說了算。

來看一個真實的故事：

有一次，美孚石油公司董事長貝里奇在巡視工作時，碰到一件很奇怪的事：一個黑人年輕人在擦地板，每擦一下他都要虔誠地跪拜一下。貝里奇走上前去，問他為什麼要這麼做。年輕人對他說，他在感謝一位聖人。貝里奇又問，為什麼要感謝那位聖人呢？年輕人回答說是聖人幫我找到了一份工作，這樣我以後就不用挨餓了。

貝里奇聽了以後笑著說：「我也遇到過聖人，就是他讓我成為公司董

事長的，你想見他一下嗎？」

年輕人說：「我是一個孤兒，在教會裡長大，我很想報答所有幫助過我的人。這位聖人若使我吃飽之後，還有餘錢，我願去拜訪他。」

貝里奇說，你一定知道南非的大溫特胡克山（Groot Winterhoek），那上面住著一位聖人，能為人指點迷津，凡是能遇到他的人都會前程似錦。20 年前我曾經登上過那座山，正巧遇到他並得到他的指點。假如你願意去拜訪，我可以准許你一個月的假。

這個黑人年輕人是個虔誠的教徒，很相信神的幫助，他謝過貝里奇就上路了。經過一個月的艱苦跋涉，他終於登上了白雪覆蓋的大溫特胡克山。但他在山頂徘徊了一天，除了自己，什麼都沒有遇到。沒辦法，黑人年輕人失望而歸。見到貝里奇後，他說的第一句話是：「董事長先生，一路上我處處留意，直至山頂我也沒有發現什麼聖人，整座山上只有我自己。」

貝里奇一本正經地說：「你說得很對。除你之外，根本沒有什麼聖人。」

20 年後，這位黑人年輕人成了美孚石油公司開普敦分公司的總經理，他的名字叫賈姆訥。一次記者招待會上，面對眾多記者關於他傳奇一生的提問，他說了這麼一句話 —— 你發現自己的那一天，就是你遇到聖人的時候，也是你人生成功的開始。能創造奇蹟的人，只有你自己。

我們當然不排斥那些幫助我們的人，但正像賈姆訥說的那樣 —— 能創造奇蹟的人，只有你自己 —— 我們不能對他人抱有過多的奢望，更不能把自己的人生掛靠在別人身上。成功的關鍵在於建立自己的優勢，喚醒我們內心沉睡的巨人，自強自立地站立於天地之間。阿佛烈·伯恩哈德·諾貝爾（Alfred Bernhard Nobel）說過：「生命，那是自然付給人類去雕琢的寶石。」自己的生活如何，命運如何，都是由自己來雕琢的。人是自己的雕塑家，偉大還是渺小，高尚還是卑劣，全在你自己！

某寺廟有一個樂善好施的方丈。

某日，一個只有一隻手的乞丐來向方丈乞討，方丈不說給，也不說不給，而是指著寺門前的一堆磚對乞丐說：「你能不能先幫我把這磚搬到後院去？」

乞丐生氣地說：「我只有一隻手，怎麼搬呢？不願給就不給，何必捉弄人呢？」

方丈什麼話也沒說，用一隻手搬起一塊磚，向乞丐說道：「一隻手也能搬！」

乞丐想想也是，就用一隻手搬起磚來。他整整搬了兩個小時，才把那堆磚搬完。

方丈遞給乞丐一些銀子，乞丐接在手裡，感激地說：「謝謝你！」

方丈說：「不用謝我，這是你自己賺到的錢。」

乞丐說：「我不會忘記你的。」說完深深地鞠了一躬就離開了。

這個乞丐剛走，又有一個乞丐來到寺院乞討。方丈把他帶到屋後，指著磚堆說：「把磚搬到屋前，我就給你一些銀子。」但是這位雙手健全的乞丐卻面帶鄙夷地走開了。

弟子們不解，問方丈：「上次你叫乞丐把磚從屋前搬到屋後，這次你又叫乞丐把磚從屋後搬到屋前，你到底想把磚放在哪裡？」

方丈說：「磚放在哪裡都一樣，但搬與不搬對乞丐來說就不一樣了。」

幾年後，一個很體面的人來到寺院。美中不足的是，他只有一隻左手——他就是用一隻手搬磚的那個乞丐。自從方丈讓他搬磚以後，他發現了自己的價值，然後靠自己的拚搏終於變成了一個富翁。這次，他向寺院捐獻了一大筆錢。

就在方丈率眾弟子送他走出寺院時，一個乞丐看準時機走過來向富

翁乞討。方丈一看，原來是那個雙手健全的乞丐——他現在依然還是乞丐。

方丈對弟子們說：「大家都看到了吧，這就是命運。命運是靠手來創造的，但跟手多手少沒有關係。」

富翁並不是天生就是富翁，乞丐也不是天生就是乞丐。有些人之所以能成為富翁，是因為他們付出了辛勞；而有些人之所以會成為乞丐，是因為他們喜歡坐享其成。命運是靠手來創造的，但跟手多手少沒關係，只跟怎麼用手有關係。

每個人都有一雙手，誰也不會多生一隻手，否則豈不成了「三隻手」？即便像故事中的乞丐那樣，只有一隻手，也要向命運抗爭。伸出你的手，靠它吃飯，為自己鼓掌，指點江山。

臨淵羨魚，不如退而結網

「臨淵羨魚，不如退而結網」這一典故，出自《史記·漢書·董仲舒傳》，意思是說，與其站在河邊，看著肥美的魚兒游來游去，幻想著捉到魚後的欣喜，還不如回去掌握時間做漁網，盡快把捕魚的願望變成現實。

在過去，「羨慕」勉強還能算個中性詞，但自從那位超有才的網友發明出「羨慕嫉妒恨」的時代短語後，「羨慕」立即便淪落成為板上釘釘的貶義詞。網友們常說，「喜歡就是淡淡的愛，愛就是深深的喜歡」，我們不妨套用在「羨慕」和「恨」上面：「羨慕就是淡淡的恨，恨就是深深的羨慕」。

羨慕什麼？恨什麼呢？簡言之，一個「敢愛敢恨」的人，只要是自己沒有的，別人有的，他都會毫無保留地羨慕嫉妒恨。有的保安恨業主有

錢，沒事的時候專跟業主的輪胎過不去，結果丟了工作不說，還上了社會新聞。有的人恨人有跑車，因此路上一塞車，他們就高興得開懷大笑。有的人羨慕嫉妒恨之餘還要抱怨，抱怨老天無眼，社會不公，自己卻沒有絲毫機會。

應該說，是逐漸拉大的貧富落差在一定程度上助長了人們的不平衡，甚至直接把「羨慕」催生成為「恨」。作為一個窮人，我非常理解大家的心情。但這有什麼意義呢？「羨慕嫉妒恨」的結果，只有「空虛寂寞冷」。誠然，由於我們下手較晚，河裡的魚越來越不好抓，但我們站在岸上咬牙切齒有什麼用？魚兒絕不會傻到自投羅網。即便牠們肯投，也沒我們的分 ── 我們連網都沒有。

現實生活中，有很多人看到別人富裕了、成功了，自己也想賺錢，但是不知怎麼賺錢，往哪賺錢，顧慮、迷茫、徘徊，做這個擔心不賺錢，做那個擔心沒優勢；做這個擔心起步晚了，做那個擔心風險大了。患得患失，決心難下，這是不行的。賺錢就是要找對方向、下定決心。要記住：只要起步就不晚。即使現在起步真的有點晚，但能早一刻是一刻。你現在的決定直接決定著你的未來。十年後的自己會是什麼樣子？先邁出第一步，你才有資格去想像。

現實是殘忍的，羨慕也好，恨也罷，非但不會讓我們產生些許安慰，反而會讓我們更加痛苦。不要再羨慕了，也不要幻想，任何人的幸福都來自於拚搏，不論是他自己拚的，還是他老爸老媽拚的，想與他們平起平坐，分一杯幸福，拚搏是唯一的途徑。否則，在這苟且偷生都越來越難的叢林世界，我們只能越來越痛苦。

元末明初，有個富商在外地發了一筆橫財，衣錦還鄉，排場極大，很多人都羨慕地望著他的身影。

一個乞丐抱怨道：「他媽的，這麼有錢，卻連一個銅板也捨不得施捨！」

一個小家碧玉幻想道：「要是能嫁給他就好了，做小妾也行啊！」

一個秀才酸溜溜地說：「富人沒一個好東西，他們的錢來路都不正，為富不仁的人，到處都是！」

眾人議論紛紛，各抒己見，有的羨慕，有的嫉妒，有的憤怒，唯有一個相貌平平的青年默默地望著富商的背影，隻字不說，滿懷心事。

「喂，窮鬼，你在想什麼？」眾人問他。

被稱作「窮鬼」的青年說：「我在想他是怎麼賺到這麼多錢的——如果我學會這些辦法，也能像他一樣衣錦還鄉。」

眾人哄的一聲笑了，都說他是在說夢話，不一會兒便各自散去。但是十年後，這個青年帶著一張百萬兩銀的銀票出現在了城鎮最繁華的大街上，連他的僕人都穿著綿緞衣服。這個青年，就是明初巨富沈萬三，他不僅學會了賺錢的方法，還成為了當時最有錢的人，以至於讓皇帝朱元璋都睡不踏實，懷疑他的錢比國庫還要多，更怕他做出什麼對自己不利的事情。最終，朱元璋找了個莫須有之罪，將沈萬三冤屈至死，同時將其偌大的家財悉數充公。

用某些網友的話說，沈萬三是「雖死猶榮」，人家畢竟曾經富過，而且是靠自己的勤奮和智慧拚搏而來。羨慕他也好，同情他也罷，都毫無意義，我們需要辯證地去看待財富，也要辯證地看待別人的幸福。別埋怨自己的薪資太少，丈夫不會賺錢，別羨慕別人香車美女，揮金如土。因為你不曾像別人一樣付出汗水和代價。

不要在羨慕和嫉妒中虛耗時間了。在這個高度商業化的時代，無論你現在從事什麼，也無論你身處順流逆流，任何憧憬、理想和計畫，都有可能實

現。也許就當我們忙著羨慕他人的時候，機會已經從我們身邊悄然流走。

這時候就展現出了「退而結網」的重要性。先哲說，機會眷顧有準備的人，只有事先結好了網，我們才能隨時捕捉機遇。明智的人，不會坐著空等，因為他們明白，只有結網，才能創造機遇，掌握機遇。在這競爭日益激烈的社會，空等和羨慕都是徒勞的。俗話說得好，「自己動手，豐衣足食。」只有伸出雙手，運用智慧，付出汗水，我們才有資格得到自己想要的東西。

∥ 再見，肉骨頭 ∥

一隻餓得發慌的狼在城市邊緣遇到了一隻狗，看著狗發亮的毛皮和強壯的筋骨，狼就生氣，心想這些狗，大家都是同一個祖先，憑什麼你就過得比我好？牠很想衝上去和狗打一架，把牠撕成碎片，但自己現在一點力氣也沒有，莽撞行事肯定會吃虧。

於是狼裝作友好地走過去，和狗攀談起來，並誇讚狗長得很有福相。毫無心機的狗非常得意，說：「其實你也可以和我一樣。這完全取決於你自己，只要你離開叢林，到人類的家裡去打工，你就會過上天堂般的生活。看看你的那些同類，牠們在樹林裡活得多麼像個乞丐呀。牠們一無所有，得不到免費的食物，什麼都得靠自己去爭取，多累啊！你和我走好了，我保證，你的命運將就此改變，而我就是你的貴人。」

狼問：「那我需要做些什麼呢？」

狗說：「很簡單，只要你趕走主人不喜歡的人，奉承家裡的成員，時不時地搖搖尾巴討主人的歡心就行。這樣你就可以得到各種殘羹剩飯，有時還能得到很多美味的肉骨頭。」

聽到這些，狼覺得狗的生活實在是太幸福了，於是牠在狗身後，向未來的主人家走去。半路上，狼忽然注意到狗的脖子上掉了一圈毛，狼問道：「這是怎麼回事。」

狗平靜地回答道：「哦，沒什麼，只不過是拴我的項圈磨掉了些毛而已。」

「項圈？」狼停住了，「你要被拴著是嗎？也就是說你不能自由地跑來跑去是嗎？」

「是的，但這沒什麼。」狗回答道。

「沒什麼？這關係太大了，我寧肯餓著肚子，也不要用自由換你的肉骨頭。」說完，狼就頭也不回地跑掉了。

這個故事說的是狼與狗的追求，即肉骨頭和自由，但它給我們的啟示卻不止這些。狼在人類的記憶中是凶猛殘暴的肉食動物，關於狼的詞語，全是對狼的詆毀和貶損：狼子野心、狼吞虎嚥、狼狽不堪、狼狽為奸、鬼哭狼嚎……這是人類武斷地把自己的某種行為和思想強加在狼的身上，賦予了狼醜陋的人性。由於這種誤解所導致的對狼的恐懼、仇恨，人類對狼展開了殘酷的捕獵、屠殺。其實，狼的所有行為只不過是一種生存的本能，狼在艱苦的自然環境下所表現出來的各種優秀素養，仍然是值得人類學習的。

而狗，這個所謂「人類忠誠的朋友」，得到的待遇又是如何呢？誠然，有人把小狗看得比家人還重，但在一般人眼中，狗不過是一種普通家畜。但詆毀和貶損狗的詞語也比比皆是：狗嘴裡吐不出象牙、狗雜種、狗咬狗一嘴毛……為了幾根肉骨頭，狗失去的又豈止自由？

如果用狗比喻現實生活中的某些人，顯然不太合適，但社會上不把人當人看的人大有人在。我們之所以屢屢受傷，根本原因就在於我們還不夠

強大。我們之所以不夠強大，很大程度上源自於我們為了幾根肉骨頭，放棄了自己應有的本性，掐斷了自我強大的可能。狗為肉骨頭失去自由，牛為乾草失去草原，金絲雀為些許食物失去天空……這不是牠們的錯，這是人類的包辦選擇，但一個人若是為了些許苟且而放棄創造美好未來，能怪得了誰？

很多人都羨慕大老闆，卻忽略了他們共同的優點：他們都是創業者。要事業，還是要工作？要未來，還是要現在？要精彩，還是要安穩？這是他們當初都曾經面臨過的抉擇。

當然我並不是在鼓動所有的人都去創業，事實上，敬業也是一種創業。我只是說對於大多數人來說，創業更有利於實現自我價值。

創業難嗎？肯定。創業需要資金嗎？必須的。但這些都不是關鍵。不信試問：如果給你五百萬，你是拿來創業，還是拿來買房？大多數人都會選擇後者，大多數人也因此成不了創業者。他們的人生早已定格在了安逸上，即使有一種安逸叫住著豪宅啃鹹菜。

你還有理想嗎？別讓它夭折。

第 12 堂課

面對 —— 挫折是人生的必修課

‖ 你有沒有抱怨的資格 ‖

氣候有冷暖，人生有四季。沒有人不想成功，更沒有人喜歡挫折和打擊，但人生在世，誰能萬事如意？面對失意，有人選擇堅持，有人選擇逃避，更多的人則選擇抱怨。有些人逢人便訴苦，張嘴就抱怨：

· 失敗者說：「為什麼老天總是不開眼？為什麼上帝總是不上班？」

· 失戀者說：「為什麼我愛的人不愛我？為什麼受傷的人總是我？」

· 失業者說：「為什麼伯樂總是那麼少？為什麼沒有人賞識我？」

· 貧窮者說：「為什麼財神總不眷顧我？我想要的其實並不多！」

· 生病者說：「為什麼病魔總是纏著我？我只不過想要健康的身體！」

……

凡此種種，不絕於耳。更有甚者，即使是那些取得了非凡成就的成功人士，他們也不瀟灑，他們也有煩悶，他們的抱怨之辭並不比一般人少：

· 富人說：「為什麼他比我更有錢？為什麼他有錢還有閒？」

· 哲人說：「難道真的是高處不勝寒？為什麼沒人接受我的理念？」

· 智者說：「為什麼我不能把智慧變成錢？為什麼我什麼都知道卻如此貧寒？」

· 權貴說：「為什麼人生苦短？為什麼我不能成佛成仙？」

……

套用一句老話——人人有本難念的經，經的名字叫「抱怨」。「煩悶」，早已成為了現代人的通病。有病不治，病情勢必會惡化。不試著放棄抱怨，不僅會空耗許多寶貴的時間，最終還會讓人在抱怨的輪迴中不能自拔，痛不欲生。

所以，我們是時候應該問問自己為什麼總是怨天怨地怨自己怨聲載道了！或許這就是你不能取得成就、不能快樂生活的真正原因！好在這個世界上還有一些從不抱怨的人，他們可以給我們答案，他們說：

- 當愛已成往事，請瀟灑地揮手，並笑著為對方祝福！因為愛並不是占有，更何況沒有人會逃避幸福！當你明白了愛的真諦，愛情的森林裡總有一株愛情屬於你。

- 如果沒有財富，或者財富得而復失，你一定要明白錢財生不帶來死不帶去的道理，一個人最大的財富，恰恰是你自己。只要還有信心，只要還有勇氣，還肯堅持，該是你的，終將屬於你。

- 當你逐漸老去，你更要學會珍惜。你要無怨無悔地活好每一天，用快樂去沖淡歲月的無情痕跡。只要保持住 18 歲的心情，歲月永遠不老，沒有人比你更年輕。

- 當你失去健康，或者你從一開始就不擁有健全的身體，那麼請把你的缺憾看成奮鬥的動力。為了能不遺憾的離開這個世界，你應該每天給自己一個希望，學會自己拯救自己。

- 當你失去親人的時候，請把悲傷的焦點向著生命中的美好轉移。你必須從悲傷中恢復過來，你必須坦然接受那些不可改變的現實，學會自己照顧自己，唯有如此，才能讓親人在天國裡安息。

- 至於挫折和失敗，你更沒有必要為它們抱怨和嘆息。請相信，它們只能更大程度地成就你。如果你是雄鷹，你遲早會搏擊長空；如果你是駿馬，你必然能馳騁萬里；如果你是鑽石，你總有一天會放射出炫目的美麗。

不妨這樣說，你要學會在放下中選擇，在失敗中奮起，將快樂和積極根植在你生命中的每一天。

很多人會說，誰願意抱怨啊？你是不了解我的痛苦！確實，生命的苦旅中有無數艱難險阻，成功的道路上有無數的坎坷陷阱，理想固然讓人欣喜，但現實卻往往讓人難以承受。但是抱怨又能怎樣？它只會讓你變得日益懦弱、苟且，陷入平庸的循環難以超脫。讓我們來看看下面的小故事，然後問問我們自己：你有沒有抱怨的資格？

2004 年 5 月的一個晚上，在 12,000 餘名聽眾雷鳴般的掌聲中，一位「半身人」用雙掌撐地，一步步地走上了體育場的講臺。

這個半身人來自澳洲，名叫約翰·庫緹斯（John Coutis），天生沒有下肢，但是他卻用雙掌走遍了世界上 190 多個國家和地區，被譽為「世界上最著名的身心障礙者演講大師」。此外，他還是全大洋洲的殘疾人網球賽的冠軍，是游泳健將，甚至只用兩隻手就能開汽車。

「大家好！」打過招呼，庫緹斯拿起了桌子上的礦泉水瓶子，一邊比劃一邊說：「從一出生我就是個悲劇，當時我只有礦泉水瓶這麼大，兩腿畸形，醫生斷言我活不過當天，可是我活到了現在，35 歲的我依然健在，而且經常在世界各地旅行……」

庫緹斯一口氣講了半個小時，其間，觀眾們的掌聲幾乎就沒停過。最後，庫緹斯突然舉起手裡的一件東西說：「我非常感謝各位朋友的熱情招待，我下榻的旅館條件非常好，但有一樣東西讓我不知所措，服務生卻每天都會把它放在我的床頭。」說完，庫緹斯把他說的東西扔向了聽眾席，原來是一雙一次性拖鞋。

聽眾席一片肅靜。

「如果你能穿拖鞋的話，你是幸運的，你是沒資格抱怨的！不是每個人都能夠穿拖鞋的！」庫緹斯大聲說。聽眾席上立即爆發起一連串的喝彩聲，緊接著是長久的掌聲。

　　和庫緹斯相比，您有沒有資格抱怨呢？如果沒有，還是及早放棄抱怨，學會珍惜，嘗試面對吧！拋開那些無謂的煩惱和雜念，去適應、去發現、去感受、去改變，你一定會擺脫抱怨的束縛，在沒有抱怨的世界裡逐漸提升，日趨完美！

不怕萬人阻擋，只怕自己投降

　　奧地利心理學家阿爾弗雷德・阿德勒（Alfred Adler）是一位釣魚愛好者。釣魚過程中，他發現了一個有趣的現象：魚兒咬鉤之後，往往因為刺痛瘋狂掙扎，但是越掙扎魚鉤陷得越緊，魚兒也就越難以掙脫。即便咬鉤的魚兒成功逃脫，那枚魚鉤也多半會永久性地留在魚嘴裡。據此，阿德勒提出了一個很相似的心理概念，叫作「吞鉤現象」。

　　生活中，每個人都會有一些過失和錯誤，每個人都難免挫折和失敗，這些過失或挫折就像人生中的釣鉤，一旦被我們不小心咬上，就會深深陷入我們心中，我們不斷地負痛掙扎，卻很難擺脫這枚「魚鉤」。這種心理，就是「吞鉤現象」，類似於大家常說的「一朝被蛇咬，十年怕草繩。」

　　人非草木，面對人生中的痛苦，怎能無動於衷？但是就像哲人所說的那樣：失去的東西最可貴，而我們卻每天都在選擇失去。由於不甘於過去，我們卻往往失掉現在和將來！這實在是人類的悲哀。所以，即使遭遇再多的不如意，我們也應該立即爬起來！沒什麼可抱怨的，也沒什麼可遺憾的，更不必為了失敗而喪氣！人生豪邁，只不過是重頭再來！否則，無論未來成功與否，至少這場失敗已失去了原有的意義。

　　1914 年 12 月的一天，大發明家湯瑪斯・愛迪生（Thomas Edison）

的實驗室突發火災。由於火勢凶猛，人們只能眼睜睜地看著愛迪生的畢生心血化為灰燼。

這一年，愛迪生已經 67 歲。他的兒子查理斯擔心父親傷心過度，在濃煙和廢墟中瘋了似的尋找愛迪生。最後，他意外地發現，愛迪生居然擠在人群中觀看大火，表情異常地平靜，好像大火燒得是別人的實驗室。兒子氣喘吁吁地對他說：「實驗室就快燒光了，該怎麼辦呢？」

愛迪生的回答卻匪夷所思：「查爾斯，你來的正好，你母親去哪裡了？快去把她找來，讓她也看看，這樣的大火真是一輩子難得一見！」

第二天早晨，鄰居們都來安慰愛迪生，愛迪生卻站在廢墟上說：「不必為我難過，災難自有它的價值！感謝上帝，讓大火燒掉了我們以前的所有錯誤，這下我們又可以重頭再來了。」火災剛剛過去三個星期，愛迪生就推出了他的最新發明 —— 留聲機。

「災難自有它的價值！」說得多好！既然人生的挫折無可避免，我們又何必總是活在挫折的陰影中，卻無視眼前的陽光呢？與其終日怨嘆、哀哀自憐，倒不如放下挫折，繼續前行。也許只要一步，就能找到陽光，重新開始。

失意時，很多人都會不由自主地羨慕甚至是嫉妒那些繽紛閃耀的成功人士，認為他們命好，剛剛下海就能撈到大魚，年紀輕輕就能創業成功。其實，人生失意無南北，人世間很多事情都是如魚飲水，冷暖自知。比爾蓋茲就曾在一次演講中說：「我也曾遇到過許多困難和挫折，甚至有時看上去似乎是致命的打擊，但是我總在心裡告誡自己，無論遇到什麼坎坷 —— 不管它是先天的缺陷，還是後天的挫折，都不能憐惜自己，而要咬緊牙關挺住，然後像獅子一樣勇猛向前！」正是這種勇猛向前的精神，才使他一次次地跨過困難，走向今日的成功。

　　面對失敗，遭遇不公，很多人都會在嘆息中蹉跎。其實，與其顧影自憐，不如奮起自助。「不如意事常八九」，失敗是人生中的常事，誰都不可能是常勝將軍，任何一個成功人士也都不是要雨得雨、一帆風順的。但是烏雲終究遮不住太陽，是真金就不怕火來煉！面對一時的失意，我們不要氣餒，更不要一蹶不振，只要還有勇氣，還敢追求，勝利終究會屬於你。天不助你，地不助你，你還可以自助。記住：海到無邊天作岸，山登絕頂我為峰！

　　我們回想一下秦末的項羽，如果當初他不是兒女情長、英雄氣短，能夠再給自己一次東山再起的機會，恐怕事情真的要像杜牧所說的那樣──江東子弟多才俊，捲土重來未可知。

　　但他拒絕了烏江亭長的好意，死要面子，說什麼羞見「江東父老」，他也不曾想想，他輝煌、發達時又給江東父老什麼回報了！一切與江東父老無關，一切皆因為他自認為已經輸不起了！

　　翻回頭我們再看那些堅忍不拔、百折不撓的真英雄，比如臥薪嚐膽、親嘗吳王大便的越王勾踐，甘受胯下之辱的韓信，在鴻門宴上從廁所中逃跑的劉邦，煮酒論英雄時嚇得掉了筷子的劉備……哪個不是從失敗、從挫折打擊中奮起的？什麼是好漢？這才是真正的好漢！像項羽那樣，雖然「力拔山兮氣蓋世」，不過是個逞勇鬥狠的匹夫罷了。「星星之火，可以燎原！」的確，只要心中的火把不滅，只要堅信自己一定會成功，我們也一定會取得個人事業的輝煌。

　　《哈佛家訓》（*Harvard Family Instructions*）中有這樣一個故事：冬天，小男孩約翰看到院子裡的無花果樹樹皮剝落、樹葉枯黃，就對爺爺說：「這棵樹已經死了，我們把它砍掉吧？」爺爺告訴他：「冬天不要砍樹，春天到來時，這棵枯樹就會復活。」小男孩似懂非懂。春回大地時，

那棵枯樹真的再次煥發了生機，到夏天時已是枝繁葉茂、綠蔭宜人。其實，每個人在遭遇困難或坎坷時，都會面臨「砍」和「留」的選擇，選擇「砍」的人會悲觀、會放棄，同時還會自我嘲弄：「算了，放棄也是一種美麗。」但選擇「留」的人，則會勇敢地告訴自己：「我永遠也不會放棄！」而結果，自然是前者一無所得，而後者將收穫「宜人的綠蔭」了。

總之，不怕萬人阻擋，只怕自己投降。成功屬於未來，屬於每一個有勇氣再戰一次的人。「長風破浪會有時，直掛雲帆濟滄海」，世界上沒有任何力量，能夠擋得住那些越挫越勇的人。

▌把失意沏成一壺好茶 ▌

「人生是一杯苦酒」、「生活是一團亂麻」、「活著太累了」……說到人生，人們首先想到的就是這些消極的形容詞。必須承認，這絕不是所謂的「無病呻吟」，無論我們怎麼樂觀，多麼沒心沒肺，但生活強加給我們的痛苦卻是明擺著的：挫折、羞辱、失業、失戀、失親、疾病、沒錢、蝸居、沒車、沒名、沒希望、沒前途、沒尊嚴、沒人理解……男兒有淚不輕彈，只因未到傷心處。如果不能設身處地的去理解別人的痛苦，就站在那裡唬弄什麼開朗、樂觀、堅強、自信，無疑是一種不負責任的表現。

其實，承認人生有痛苦，就好比我們必須承認金錢是現代人生活的核心力量一樣，雖然有點「不光彩」，但這種坦承卻自有它的價值。不肯承認人生有痛苦，恰恰說明你極有可能是在逃避痛苦。而真正的快樂，則源自於我們對痛苦的領悟，而不是迴避和掩飾痛苦，更不是強作歡顏。我們應該直視痛苦，轉化痛苦，像接受滾水洗禮的茶葉一樣，痛並快樂著接受人生給我們的考驗。

某山有座古寺，寺內高僧佛法精深，度人無數。

這天，一個失意的年輕人來到寺中，要求高僧幫他剃度，皈依我佛。

「我看施主塵緣未了，還是請回吧！」高僧勸道。

年輕人沮喪地說：「禪師，我屢屢失意，連連受挫，您為什麼不肯收我為徒，讓我跳出苦海呢？」然後，年輕人一邊嘆息，一邊向高僧訴說自己的遭遇。

高僧靜靜地聽著，如同入定一般，直到年輕人說完，仍然不發一語。年輕人很奇怪，問道：「禪師為何不說話？」

高僧並不回答，只是吩咐身邊的小和尚：「這位施主遠道而來，速去燒一壺溫水送來。」小和尚答應一聲，轉身離去。

不一會兒，溫水送到，高僧抓了一撮茶葉放入杯中，然後注入溫水，放在年輕人面前，微微一笑，道：「施主，請用些茶。」

年輕人一看，杯中之水半開不開，杯中茶葉全部浮在水面上，一看就沒有泡開，於是問道：「請問禪師，貴寺怎麼用溫水泡茶？」

高僧微笑不語，只是重複道：「施主遠道而來，口中必定飢渴，先請用些茶吧。」年輕人只好端起杯子，輕輕喝了兩口。

「請問施主，這茶可香？」高僧問道。

聽到詢問，年輕人又喝了兩口，細細品味一番後，搖頭說道：「這是什麼茶？一點茶香也沒有。」

高僧笑笑說道：「此茶乃是閩浙名茶鐵觀音，怎麼會沒有茶香？施主不妨再飲。」

年輕人心說，的確是沒有茶香啊！他端起杯子，又喝了兩口，再三品味，仍然沒有茶香。這次，他肯定地說：「真的沒有一絲茶香。」

高僧又是一笑，再次吩咐小和尚：「燒一壺沸水送來。」

小和尚聽命而去。

不一會，一壺冒著熱氣的沸水送到。高僧又取來一個杯子，放入茶葉，然後提壺注入少許沸水。年輕人一看，杯中茶葉上下沉浮，頓時便有一絲茶香侵入鼻間。

茶香誘人，年輕人禁不住伸手去端杯子。卻聽高僧說道：「施主稍候。」說罷提起水壺，再次注入一縷沸水。這一次，杯中茶葉上下沉浮得更加迅速雜亂。同時，一縷更醉人的茶香隨水氣騰出杯子，剎那間滿室清香。

年輕人見了，不禁嘆服高僧茶道精妙。

就這樣，高僧連續往杯中注水五次，杯子將滿未滿，一杯碧綠，滿室生香。

高僧笑道：「施主請用此茶。」

年輕人端起杯子，淺喝慢飲，頓時唇齒生香，更是讚不絕口。

「施主可知道，為何同樣是鐵觀音，但茶味迥異？」高僧問。

年輕人答道：「大師先用溫水，後用沸水，應該是調水不同吧。」

高僧會心一笑：「不錯。茶道首重茶質，次重用水。用水不同，茶葉沉浮就不同。用溫水泡茶，茶葉浮在水上，不經沉浮，茶香就不會散逸。用沸水泡茶，再掌握一定的技巧，茶葉上下浮沉，反覆多次，自然就會釋放出春雨之清幽、夏陽之熾烈、秋風之醇厚、冬霜之清冽。施主，人生亦如茶道，必經沉浮，方可成大器。施主有心向佛，則無處不是三寶地。施主，請回吧！」

人生如茶，茶如人生。不經歷風雨，人生就如同溫水沏茶，淡而無味；經歷了滄桑，正好像沸水沏茶，沉浮之間自有一縷清香。哲人說：「不要抱怨我們遍體鱗傷，因為我們選擇了遠航」，世事浮沉、人生無

常，也許恰恰是我們的機會。與其在失意中沉淪，自己把自己打敗，何不把自己當成一杯好茶，讓挫折釋放我們的魅力，讓苦難把我們變得更加芬芳？

遺憾的是，雖然很多人從小就明白「要想沒有挫折，除非你是夭折」的道理，但在殘酷的現實面前，他們選擇了認輸，選擇了放棄，並把失敗的原因歸咎於老天不公，認為是幸運之神的失職。這無疑是最大的人生黑洞，因為他們不僅會因此前功盡棄，還要為此花費一番唇舌為自己的懦弱開脫，甚至從此一蹶不振，平庸終老。他們從來沒想過，他們最大的不幸就是總認為自己是一個不幸的人，無論讓他們做什麼，他們首先想到的就是自己的運氣不好，會不會又招致什麼厄運呢？這樣的人，如果不能及時改善自己的心態，很可能一生都將活在自怨自艾中，將大好年華都浪費在了無謂的悲嘆中。

人生需要奮鬥進取，也需要豁達超脫。人生難免得失成敗、悲歡離合，對此不能鑽牛角尖，更不能陷入固執、計較的泥淖。一失敗就自殺，一失戀就出家，最後不是人類絕種，就是都變成和尚、道姑。失戀的時候，你要明白「天涯何處無芳草」，失去一棵樹木後還有偌大的一片森林；落榜的時候，你要知道「條條大路能通羅馬」，你要多想想比爾蓋茲、李嘉誠、王永慶、郭台銘等沒有高學歷、只有能力的財富巨擘；遭遇困境、折磨、羞辱，感到迷茫、無助、憤慨時，你不妨默念「車到山前必有路，船到橋頭自然直」，告訴自己「冬天已經到來，春天還會遠嗎？」……《伊索寓言》（Aesop's Fables）中說，「如果你受苦了，感謝生活，那是它給你的一份感覺；如果你受苦了，感謝上帝，說明你還活著」。我們要珍惜活著的感覺，以天地為杯，以自我為茶，攜一壺烹煮過的失意，瀟瀟灑灑地走下去。

第 13 堂課

不爭 —— 上善若水，競而不爭

‖ 別讓公平傷了你 ‖

公平是什麼？是一個讓我們很受傷的字眼。它是人類的終極追求，但時至目前乃至今後很長一段時間內，各種各樣的不公平仍將不斷地刺激我們脆弱而敏感的心靈：沒能力的身居高位，有能力的懷才不遇；少做或不做事的拿的比做事的還要高；同樣一件事情，有的人做得很好，老闆非但不表揚，不獎勵，還對他雞蛋裡挑骨頭，骨頭裡挑骨刺，而另外一個人把事情做砸了，老闆反倒說她沒功勞有苦勞……

對於形形色色的不公平，我們沒有理由不憤慨，但我們也應該認知到：這個世界不是根據公平的原則而創造的，不公平就像老鷹吃蛇，蛇又吃鼠，鼠又吃糧食的自然規律一樣，純屬正常現象。追求公平本沒有錯，但不能執著於公平，否則我們必定會被公平所傷。

佛經中有個〈二鬼爭物〉的故事：

有兩個魔鬼，他們是很要好的朋友，共同擁有一個竹箱、一根手杖和一隻鞋子。很多年來，他們相處得都非常開心。突然有一天，他們卻為了這些東西的歸屬爭得不可開交。

「當年這些東西是我先發現的，理應歸我所有！」年紀較小的魔鬼叫道。

「你懂不懂規矩？按照我們魔鬼界的規矩，晚輩發現東西應該交給前輩，所以這些東西應該歸我！」年紀較大的魔鬼倚老賣老地說。

年輕的魔鬼聽了非常氣憤，也不再和年老的魔鬼講道理，上前就打，年老的魔鬼一邊躲閃，一邊瞅準時機還擊。

正在這時，一個路人恰巧經過，看到他們邊打邊吵，卻是為了一個竹箱、一根手杖和一隻鞋子，不禁非常好奇，他說：「二位真是可笑！這個

破竹箱能裝什麼東西？這個破手杖也不能支撐身體。至於這只單個的鞋子，又不能穿著走路。你們至於為了一堆破爛大打出手嗎？」

「你懂什麼？這三樣東西看起來雖然無用，但無一不是神奇的寶貝！只要你對著這個竹箱大喊一聲，無論是漂亮的衣服、美味的食品，還是值錢的珠寶，它都能立即給你整箱整箱的變出來，滿足你的需求。」年輕的魔鬼解釋說。

「這個手杖是天下無敵的利器，有了它，佛祖也要怕你三分。至於這個破鞋子就更厲害了，只要穿上它，你就可以上天下地無所不能，誰也抓不到你。」年老的魔鬼補充道。

原來如此！路人聽了不禁怦然心動，但他裝作若無其事地說：「原來是這樣。我看二位整天爭來吵去也不是辦法，不如讓我為你們作一個公正的評判，決定這三件寶物應該屬於誰，至少也能把它們平分給二位。」

「太好了！聽說你們人類的智慧比我們強多了，心地也比我們善良，就請您公平地為我們判決吧！」兩個魔鬼充滿信任地懇求道。

「那好吧！既然你們這麼信任我，我就勉為其難。現在先請二位向後退幾步，我好方便把寶物平均公正地分給二位。」路人說著，臉上露出一絲不易察覺的奸笑。

兩個魔鬼聽完，下意識地各自退了幾步。路人看到這裡，趕緊衝上前去，左手抱起箱子，右手拿起手杖，一隻腳穿上鞋子，瞬間飛騰而去！兩個魔鬼終於明白了是怎麼回事，他們氣急敗壞地大罵：「你這個騙子！你怎麼可以言而無信，你不是說要公平地給我們分配寶物嗎？」

「哈哈哈，兩位每天為了這些東西爭來鬥去，不肯絲毫讓步。誰能夠給你們平分！為了讓你們覺得公平，我只好委屈自己代為保管這些寶貝啦！你們現在誰也得不到，這不是很公平嗎？哈哈哈，謝謝兩位了！」

　　正所謂「鷸蚌相爭，漁翁得利」，同事之間、朋友之間，應該團結互助，而不應該勾心鬥角，否則就會給有不良企圖者造成可乘之機，被人鑽漏洞，雙雙遭受災難。

　　「天之道，不爭而善勝，不言而善應，不召而自來……」，這是老子《道德經》中的至理名言，大意是：老天從來不爭奪、爭鬥，卻總是勝利；有能力的不說太多的話，卻總是有人回應；他們不用召喚，人們就自動聚攏在他身邊……老子還說：「夫唯不爭，故天下莫能與之爭」，簡單來說就是只有不與人爭，天下才沒有人能夠與你爭。許多人由於往往從字面上去理解這句話，因此總是覺得老子的思想太消極：不跟人爭卻可以天下無敵，怎麼可能呢？再說了，讓我放棄爭取，我怎麼生存、發展？其實不是老子消極，而是老子喜歡和後人捉迷藏，玩文字遊戲，他所說的「不爭」，絕不是什麼都不爭取，而是一種有選擇的爭取，也即在「有所必爭」的前提下「有所不爭」。所謂有所不爭，當然是指那些閒氣，那些細枝末節，那些我們本就不應該擁有的東西；而有所必爭，就是說我們要專心致志，把自己該做好的做到最好，練出自己最好的「武功」，假以時日，你必定可以用自己的實力為自己也為其他人打造一個公平的小國度。這樣的人比起那些老是把力量用在「爭」閒氣上的人，不知要高明多少倍。

　　另一方面，我們做人要格局大些，要學會跳出圈外。有人的地方就有江湖，人最多的地方相對的就更加險惡。都說人在江湖漂，誰能不挨刀，但大家為什麼會挨刀呢？或者說原本很文明的大家為什麼會動刀子呢？答案是銀子和利益。既如此，為什麼不能把利益看得稍淡一些，把銀子看得稍輕一些？

　　有時候，人們爭的未必是公平，而是一口氣。俗話說，「不爭饅頭爭

口氣」，有人認為這是自尊的表現，但有些人根本就是自尊過度，而自尊過度又是自卑、自私的表現。如果不懂得共存共容之道，拋開狹隘和自私，用瀟灑豁達的人生態度去生活，那麼你將永遠找不到公平。更何況，我們真的需要那些所謂的公平嗎？很多時候，公不公平其實並不重要。讓人們耿耿於懷、憤憤不平的所謂公平，不過是人們進行爭鬥的卑劣藉口。

┃沒有路的地方路最寬┃

如前所述，「爭」是人與生俱來的天性。要生存下去，得爭；想生存得更好，還要爭。「爭」是生存下去的必須方式，也是再平常不過的事情。就連「不爭」的原創者——老子，也只是略過了「爭」，而只說「不爭」。其實仔細想想，沒有「爭」，又怎麼會有「不爭」？換句話說，老子也是很注意「爭」的，只不過他教導人們不要爭一時一地，而是爭取讓自己永遠立於不敗之地。

看看春秋賢相孫叔敖是怎麼做的吧：

孫叔敖是春秋時期楚國名相，做了數十年令尹（最高軍事長官），期間他勤勉有加，輔佐楚莊王施教導民，寬刑緩政，發展經濟，政績赫然。楚王多次要封賞他，都被他謝絕。後來，孫叔敖病了，他自知性命不久，便把兒子叫到跟前說：「楚王屢次要分封我土地，我沒有接受。我死後楚王必定會分封於你，你一定不要接受富庶的土地！楚、越之間有個叫寢丘的地方，那裡土地貧瘠，你可以要求被封在那裡。」

孫叔敖死後不久，楚王果然分封給其子一塊富庶的土地，他兒子推辭之餘，請求得到寢丘這個地方，楚王慨然應允。直到漢代，這塊土地還被孫叔敖的後代所擁有。

　　孫叔敖的高明之處，就在於他知道凡是美好的東西都會得到普遍的認同，擁有好東西只會令旁人嫉妒之餘趨之若鶩，使擁有者成為眾矢之的，從而帶來災禍。而相對貧瘠的土地，人們會不屑一顧，反倒可以保全。老子之所以提倡這種不爭之爭，就是因為越是表面強勢的人，越容易成為眾矢之的，越容易被對手打敗，最終越是爭不到。所以，在面對利益時，我們要學會在「退而求其次」的基礎上尋找冷門，沒有路的地方不僅路最寬，而且鮮有老謀深算的漁翁光顧。

　　不過這還只是「不爭」的初級境界，老子說，「上善若水」，其意是說最善的人好像水一樣。水善於滋潤萬物而不與萬物相爭，停留在眾人都不喜歡的低窪地帶，除非人們自作孽，誘發洪水，水多半時候都是平平靜靜的，所以水的性格最接近於「道」。水也沒有固定的形狀，因而能因物賦形，放在方杯子裡就是方的，放在圓杯子裡就是圓的，溫度低了就結成冰，溫度高了就化成汽。無論多小的縫隙，水都能滲透過去。無論遇到多麼不規則的石頭，水都能繞過去。無論多麼髒的東西，水都能把它洗乾淨。無論多麼強大的事物，在水面前都無能為力，所謂「抽刀斷水水更流」也。最善的人，正是因為具有像水一樣的美德，才不會產生過失，從而也就避免了怨咎。

　　有「紅頂商人」之稱的清朝胡雪巖為我們做好了榜樣。

　　胡雪巖做生意，向來把人緣放在第一位。所謂「人緣」，對內是指員工對企業忠心耿耿，一心不二；對外則指同行的相互扶持、相互體貼。因此，胡雪巖常對幫他做事的人說：「天下的飯，一個人是吃不完的，只有聯絡同行，要他們跟著自己走，才能行得通。所以，撿現成時要看看，於人無損的現成好撿，不然就是搶人家的好處。要將心比心，自己設身處地地為別人想一想。」胡雪巖是這麼說的，更是這麼做的。他的商德之所以

為人稱道，很重要的一條，就是把同行的情看得高於眼前利益，在面對你死我活的激烈競爭時，做到了一般商人難以做到的：不搶同行的飯碗。

當初，胡雪巖準備開辦阜康錢莊，當他告訴信和錢莊的張胖子「自己要弄個號子」時，張胖子嘴裡雖然說著「好啊」，但聲音中明顯帶有做作的高興。原因何在？因為在胡雪巖幫王有齡辦漕米這件事上，信和錢莊全力墊款幫忙，為的就是拉住海運局這個大客戶，現在胡雪巖要自己開錢莊，張胖子自然會擔心。

為了消除張胖子的疑慮，胡雪巖明確表態：「你放心！兔子不吃窩邊草，要有這個心思，我也不會第一個就來告訴你。海運局的往來，照常歸信和，我另打路子。」

「噢！」張胖子不放心地問道：「你怎麼打法？」

「這要慢慢來。總而言之一句話，信和的路子，我一定讓開。」

既然胡雪巖的錢莊不和自己搶生意，信和錢莊不是多了一個對手，而是多了一個夥伴，張胖子當即疑慮頓消，轉而真心實意支持阜康錢莊，並說：「你的為人我信得過。你肯讓一步，我欠你的情，有什麼忙好幫，只要我辦得到，一定盡心盡力！」在胡雪巖以後的經商生涯中，信和錢莊給了他很大的幫助，這都歸功於他沒有搶信和的生意。

不搶同行飯碗，是胡雪巖做人處事方式的基本準則。這裡既有避讓，又有謙讓，既有智慧，又有道德，運用得如此嫻熟，真是令人嘆服。同時，我們還要看清的是，胡雪巖不搶同行飯碗的這一超凡做法，並不是純粹迴避競爭與衝突，而是捨去近利，保留交情，從而帶來更長遠、更巨大的利益。由此可見，不爭是一種手段，是爭的最高境界。只有不爭，才能成為最後的贏家。只有抱有這種不爭之德，才能得到天下人的擁戴而不相害，成就自己「天下莫能與之爭」的境界。

｜從競爭到競合，從零合到雙贏｜

　　按照達爾文的說法，所有生物來到這個世界，都不可避免地要參與競爭。所謂「物競天擇、適者生存」，當資源數量不能滿足種群需求時，個體之間就會發生爭奪現象，這種競爭稱之為種內競爭，其結果是削弱了個體而有利於保存種。在異種個體之間進行的競爭則稱之為種間競爭，其結果是一個種可能被另一個更強的種代替。具體到人類的競爭，其定義是「為了自己方面的利益而跟人爭勝」，毫無疑問，人類的競爭本性從古至今都無法改變，也無須改變。無論是誰，要想成就一番大的事業，都必須具備「永遠爭做第一」的競爭意識。即使你只想做個普通人，同樣避不開競爭，因為人類的競爭活動、競爭意識無所不在，從打牌、下棋這類大眾遊戲，到各類體育比賽、娛樂比賽，再到就業競爭、商業競爭、政治權謀，直至競爭的最高階段 —— 戰爭，誰都無法逃脫「競爭」的羅網。

　　那麼，這是不是就意味著為了生存和發展，我們只能不斷修練自己，只能盡可能多地掠奪生存資源呢？答案無疑是否定的。眾所周知的是，「競爭」歷來不被傳統文化所推崇。西方人崇尚強大，崇尚英雄主義，而傳統文化首重一個「和」字，講究仁者無敵。

　　人們常說，家和萬事興，其實需要和諧的又豈止是家庭？工作、做生意、交朋友、當主管，都離不開一個「和」字。雖說「人生是一場沒完沒了的戰爭」，但生活絕非軍事上的戰場，打垮對手也不一定對自己有利。只有從競爭走向競合，盡量去謀求雙贏乃至多贏，才是最高明的競爭法則。

　　有一個用語叫「零和」，意思是雙方博弈，一方得利必然意味著另一方吃虧，一方得益多少，另一方就吃虧多少，雙方得失相抵，總數為零，

所以稱為「零和」。「零和」理論認為，世界是一個封閉的系統，財富、資源、機遇都是有限的，個別人、個別地區和個別國家財富的增加必然意味著對其他人、其他地區和其他國家的掠奪。這是一個弱肉強食的世界。勝利者的光榮背後隱藏著失敗者的辛酸和苦澀。大多數體育運動都屬於一方勝一方負的情形，如乒乓球、羽毛球、百米跑等。一個人不可能在一個專案中做到在自己不失利的情況下幫助對方獲勝。股票交易和賭場都是「零和遊戲」。因為炒來炒去，賭來賭去，錢並沒有增加，只是從一個人的口袋裡到了另一個人的口袋裡。但是時至今日，「零和」觀念正逐漸被「雙贏」和多贏觀念所取代。人們開始意識到，透過有效合作，可以達成互利互惠的「雙贏」局面。

比如可口可樂和百事可樂這兩個飲料市場上水火不容的對手，雙方的市場競爭可謂你死我活。表面看來，他們都希望對方忽然發生重大變故，以便及時把市占率據為己有。但是多年以來，這種局面讓雙方都大賺了一筆，並且從來沒有第三者異軍突起。明眼人一眼就可看出，兩位飲料市場的老大在進行著一種類似於合作的競爭。他們的真正目標不是對方，而是消費者，以及那些想搶占他們地盤的後輩。只要有企業想進入碳酸飲料市場，他們就必然展開一場心照不宣的攻勢，讓挑戰者知難而退。

我們再來看看麥當勞和肯德基在市場上的布局。一般情況下，麥當勞開到哪裡，肯德基很快就會出現在附近，而且「至死不渝」，你很少能看到第三者在他們中間出現。兩大巨頭表面上的競爭關係，往往能夠為他們排斥新進入的競爭者提供更多的策略選擇，從而形成競爭中的合作。

我們再來看看飛人麥可‧喬丹（Michael Jeffrey Jordan）的故事。地球人都知道，喬丹是 NBA 歷史上最偉大的籃球運動員之一。這一方面是由於他球技過人，曾經創造過多項世界記錄，而且至今無人打破；另一

方面則得益於他過人的氣度和胸襟。可以說，他坦然無私的廣闊胸襟贏得了所有人的支持與尊敬，包括他的對手。

在當時，公牛隊最有希望超越他的新秀是年輕的史考提・皮朋（Scottie Pippen）。年輕氣盛的皮朋好勝心極強，在喬丹面前，他常常流露出一種不屑的神情，還煞費苦心的尋找喬丹的弱點，並對別人說喬丹這裡不如自己，那裡也不如自己，自己一定會把喬丹擊敗等等。但喬丹卻從來沒有把皮朋當作潛在威脅，更沒有因為他的不滿而排擠他，反而經常對皮朋加以鼓勵。

有一次休息時，喬丹問皮朋：「你覺得我們的三分球誰投得更好？」

皮朋聽了很不高興，陰陽怪氣地說：「你這是明知故問，當然是你！」因為當時的統計資料顯示，喬丹投三分球的成功機率是 28.6%，皮朋的成功機率則是 26.4%。

看著生氣的皮朋，喬丹微笑著糾正說：「不，皮朋，你投得更好一些！你的動作規範、流暢，你很有天賦，以後會投得更好。但我投三分球時有很多弱點，我扣籃主要用右手，而且會習慣地用左手幫一下。可是你左右手都很棒，而且不用另一隻手幫忙。所以，你的進步空間比我更大！」

喬丹的大度，讓皮朋大為感動，此後他一改自己對喬丹的不良看法，更多的是以一種尊敬的態度去尊重喬丹，向他學習。在之後的日子裡，他們二人都有了不同程度的提高，他們的配合也越來越默契，為公牛隊帶來了一個又一個輝煌。

看看喬丹，再想想身邊那些專事排擠打壓、打擊報復的人，或者看看我們自己，我們怎能不慨嘆？也許現在，你還在巨大的競爭壓力中痛苦掙扎，然而在抱怨社會無情、對手殘酷的同時，我們是否應該自問：我們是否把對手的概念無限擴大、扭曲了？

答案無疑是肯定的。其實，世上沒有不能交的朋友，不要因為你們是競爭對手，就認定對方是敵人、是小人，這樣做只會把他們變成真正的敵人。只有敞開自己的胸懷，主動去接納他們，他們才有可能成為對你有所幫助的貴人。

第 13 堂課　不爭—上善若水，競而不爭

第 14 堂課

包容 —— 是誰讓我們如此狹隘

┃虛懷若谷，有容乃大┃

　　歌手鄭智化有首歌叫〈大同世界〉，歌中唱道：「大同世界到底同不同？大道之行也天下為公！金髮碧眼和黃皮膚會不會相同？如果懂得博愛的道理就會相同；大同世界到底同不同？文化之行也天下為公！華語國劇和搖滾樂會不會相同？如果懂得包容的道理就會相同……」

　　歌詞耳熟能詳，但卻是普通人難以企及的人生境界。佛說：「修道的人，如果不能忍受毀謗、惡罵、譏諷如飲甘露者，就不能算修道之人。」或許我們成不了佛，但若能在生活中多些起碼的包容，處處心存善念，我們同樣可以變得偉大！

　　有句話講得很有哲理：如果你能容下 500 人，你就可以做連長；如果你只能容下 5 個人，那你頂多能做個代理班長。古人云，有容乃大，一個人只有容得下人，才能贏得他人，成就自我。

　　全球餐飲業巨頭麥當勞掌門人雷‧克洛克（Ray Kroc）的做法就很值得效仿。麥當勞的人才來自於你能想像得到的任何一個職業：員警出身的鄧納姆，教授出身的特雷斯曼，法官出身的史密斯，金融出身的西羅克曼，傳教士出身的凱茨，牙醫出身的瓦盧佐……其中還不乏一些脾氣古怪的人，但克洛克認為，只要是人才，能夠為麥當勞帶來效益或者發展前景，那麼麥當勞就應該容納他。克洛克本人舉止高貴，談吐優雅，討厭男人留長頭髮，但他卻提拔了披著長髮的克萊恩出任廣告經理，因為克萊恩是設計出「麥當勞叔叔」的功臣。克洛克也看不慣別人上班衣裝不整齊，但他對董事長特納脫掉外套捲著袖子辦公的樣子卻能「視而不見」。

　　包容絕不僅僅是企業家的事情，世界三大宗教，佛教、基督教、伊斯蘭教以及儒家、道教乃至世界上所有宗教，都主張信徒們包容。老百姓也

常說，「海納百川，有容乃大」，這裡的容，就是包容，是對他人長處、短處和過錯的一種包容。度量大，就能得人心、納眾謀，成其強大，創造和諧。

唐代名相狄仁傑急公好義，胸襟寬廣。有一次，朝廷下令派他的同僚鄭崇質去一個蠻荒之地出使。鄭崇質的母親年老而且多病，讓他丟下母親遠行出使，他心裡很不是滋味，但是朝廷有令，又不得不聽。臨行前，鄭崇質不免向同僚們訴說自己的擔心。狄仁傑聽了非常同情他，立即求見主管此事的長史藺仁基，說：「鄭崇質的母親老弱多病，我們怎麼忍心讓他遠行出使呢？不如讓我代替他去吧！」

藺仁基聽完非常感慨，深受感動。原來，他當時正在和司馬李孝廉意見不合，兩人相互排擠，形同陌路。再看看急公好義的狄仁傑，藺仁基感到非常慚愧，他主動找到李孝廉，把狄仁傑的事情說了一遍，並且真誠地說：「與狄公相比，我們真是自愧不如啊！」李孝廉也深受感動，二人從此捐棄前嫌，日益親密。

即使是曾經詆毀過自己的人，狄仁傑也能夠不挾私怨，為國家考慮，與他們和睦相處。天授二年（西元 691 年）九月，武則天任命他為同鳳閣鸞臺平章事（宰相）。不久後的一天，武則天問他：「愛卿做刺史時，政治清明，百姓安居樂業，是一個難得的地方官，可當時朝中還有人彈劾你，說你的壞話。我現在把他們的名字告訴你，你以後小心為妙。」誰知狄仁傑卻說：「不，不，陛下千萬不要說出他們的名字。如果陛下認為我有過錯，我應該改正。如果陛下認為我沒有過錯，那是陛下聖明。至於別人說什麼，我不想知道。一個人最怕挾私怨，一旦挾私怨，好人也會被看成壞人。如果我知道了是誰彈劾過我，我難免心生怨恨，如果因此不能公正地對人對事，豈不辜負了陛下的厚望？如果不知道，大家仍然是好朋

友，可以共事朝廷。希望陛下永遠不要讓臣知道。」武則天聽後，越發覺得他心地坦蕩，心胸豁達，對他更加信任。

狄仁傑對人對事不挾私怨，凡事以大局為重，這種品格歷來為人們所稱道。原因就在於，這不僅僅是為臣之道，更是為人之道。想想看，如果不是我們自己把身邊的人一個個地樹立成假想敵，生活中又哪來那麼多的仇家和對頭？

當然，佛祖尚作獅子吼，有些人、有些事也許真的無法讓人發自內心的包容，但一味地心存憤恨，只能是用別人的錯誤折磨我們自己。維克多‧雨果（Victor Hugo）說過，最高貴的復仇方式就是包容。那就讓我們包容吧！包容他們，不僅是在包容我們自己，也一定會讓他們飽受良心的煎熬。

∣ 心寬才能天地寬 ∣

安徒生有一篇童話，叫〈老頭子做的事總是不會錯的〉，故事大致如下：

有一對清貧的老夫婦住在鄉村裡。有一天，他們想把家中唯一的一匹馬拉到集市上換點更有用的東西。老頭子牽著馬來到集市上，他先與人換得一頭母牛，又用母牛換了一隻羊，再用羊換來一隻肥鵝，又把鵝換了母雞，最後用母雞換了一口袋爛蘋果。在每一次交換中，他都想給老伴一個驚喜。

當他扛著大袋子來到一家小飯店歇息時，遇上了兩個英國人。閒聊中他談了自己趕集的經過，兩個英國人聽後哈哈大笑，說他回去肯定挨老婆子一頓棒揍。老頭子堅稱絕對不會，而且他敢打賭，自己的老太婆會喜笑

顏開。兩個英國人就用一袋金幣和老頭打賭，說如果他回家不受老伴任何責怪，金幣就歸他。於是三人一起來到老頭子家中。

老太婆見老頭子回來了，非常高興，跑過來擁抱他。老頭子毫不隱瞞，將換東西的過程一一講來。老太婆興奮地聽著，每聽到老頭子用一種東西換了另一種東西時，她都充滿了對老頭子的欽佩，十分激動地予以肯定：

「哦，我們有牛奶喝了！」

「羊奶同樣好喝，還可以剪羊毛織羊毛襪子！」

「哦，我們可以在冬至那天吃烤鵝了！」

「哦，我們有雞蛋吃了，或者養一群小雞。」

最後，聽到老頭子背回了一袋子已經開始腐爛的蘋果時，她同樣不慍不惱，大聲說：「我們今晚就可以吃到蘋果餡餅了！」

英國人就這樣輸掉了一袋金幣。

有些人認為，安徒生是在藉故事諷刺嘲弄愚蠢之人，其實不然，他要告訴我們的是，家庭生活中，最重要的就是包容、尊重、信任和真誠。即使對方做錯了什麼，只要他的心是好的，就應該理解，重動機，輕結果，不苛求，不責怨。這樣才能有家庭的和睦，夫妻的恩愛，否則再甜蜜的夫妻，恐怕也只有分手這條路了。

包容不僅是做人的美德，也是人際社交的潤滑劑。那些所謂的厄運，其實往往都是因為對他人一時的狹隘、些許的刻薄，而在自己前進的路上自設的一塊絆腳石。而一些所謂的幸運，也是因為無意中對他人一時的寬容、些許的幫助，而拓寬了自己的道路。包容猶如冬日正午的陽光，能把任何人心中的冰雪融化成潺潺的細流。包容也似一把傘，當流言與質疑的冷雨不期而降時，請撐起包容這把傘去抵擋那些有害的侵蝕，去自慰焦灼

疲憊的心靈吧。從這一點上說，包容別人，也就是包容自己。一個不懂得包容自己的人，勢必會把生命的琴弦繃得太緊，或傷痕累累，或戛然斷裂。

如果你問一個人，當你丟了 100 塊錢，你會花 200 塊錢的車費把它找回來嗎？肯定沒有人會這樣做，但是類似的情況卻在不斷地發生著，比如你無端被人罵了一句，卻花了無數時間憤怒和難過；情人背叛了你，你明知一切都無可挽回，卻還是一如既往的傷心，而且一傷心就是好幾年，動輒借酒澆愁，甚至產生自殺的想法等等。這些做法又與上述愚蠢的做法有何本質區別？人有憂慮在所難免，遭遇不合理的事情也平常不過，最重要的是我們要學會自寬自解，堅守住自己的快樂陣地，不讓煩惱有機可乘。有一個非常經典的故事用在這裡再好不過：

有個人總覺得自己煩惱太多，生活不盡如人意。為了解脫，他去請教一位得道高僧。

「請問大師，為什麼老天對我如此不公？為什麼別人總是快快樂樂，而我卻有那麼多的苦惱？」他問。

高僧沒有回答，而是讓人取來一些鹽和一杯水，讓他把鹽放入杯中，過一會兒再喝下去，然後問他味道如何。

這個人說：「很苦。」

高僧又讓他帶著相同的鹽，和他一起來到湖邊，先讓他把鹽倒入湖水中，然後又讓他喝了一口湖水。

「味道怎麼樣？」高僧問道。

「很清涼。」這個人回答。

「有苦味嗎？」高僧又問。

「一點也沒有。」這個人接著回答。

　　高僧看了看他，語重心長地說：「上天對每一個人都是公平的，就像你倒進杯子裡和倒進湖裡的鹽一樣多。為什麼你品嚐到的味道完全不一樣呢？原因就在於你的胸懷還不夠寬廣。面對生活，我們需要有湖一樣寬廣的胸懷，而不是一杯水。」

　　擁有湖一樣寬廣的胸懷，首先就意味著我們要正視並容納生命中的苦難和不平。生而為人，老天必定會為你準備一些「煩惱鹽」，我們需要做的，應該做的，就是不斷修練我們的胸懷，當我們的心的容量越大，煩惱也就越微不足道。煩惱正如輕風，只要我們的心湖保持寧靜，無限寬廣，即使水面微漪，也是另一種美麗，另一種風景。所以，何不把自己由一杯水變為一片湖？

　　生活中免不了煩心事，只有學會控制自己的情緒，才能長久地擁有快樂，才能掌握自己的命運。那些無法控制自己的情緒的人，最終也只能被自己的情緒所淹沒、所吞噬。

　　包容並不意味著對惡人橫行的遷就退讓，對自私自利的鼓勵與縱容。誰都難免遇到情勢所迫的無奈、無可避免的失誤、考慮欠妥的差錯……包容其實就是理解，就是以善意寬待有著各種缺點的人們。馬克·吐溫（Mark Twain）說過：「所謂包容，就是一隻腳踏在紫羅蘭花瓣上，紫羅蘭卻用花香浸潤他的腳踝。」，亨德里克·威廉·房龍（Hendrik Willem van Loon）也曾寫道：「包容從來都是奢侈品，買它的人只會是智力非常發達的人。」智者是不會拒絕寬容的。當你下次再準備對一個人發脾氣時，不妨想想，這個世上有沒有從未犯過錯誤的人？

‖ 擇其善者而從之 ‖

「擇其善者而從之」，出自《論語‧述而》，這句話幾乎家喻戶曉。之所以如此，就在於它不僅是孔子治學勸學的精神，也是人們做人處事應有的態度。說庸俗點，它是一種務實主義。

秦末漢初人陳平，自幼父母雙亡，與兄嫂一起生活。陳勝、吳廣起義後，陳平加入了魏王咎的反秦隊伍，魏王任命他為太僕。期間，陳平多次為魏王出謀劃策，魏王卻不予採納，還聽信小人之言，懷疑陳平不忠，陳平知道後急忙逃走。

後來，陳平投入項羽麾下。不久殷王反楚，項羽封陳平為信武君，陳平一戰而勝，打敗殷王，受降而歸。楚漢戰爭爆發後，殷王權衡利弊，反楚投漢，項羽牽怒於陳平，企圖殺之。陳平得到消息後，趕緊將大印和項羽的賜金封好，命人送給項羽，獨自逃走。當時他的朋友魏無知正在劉邦軍中，陳平前往投奔，經魏無知引見結識了劉邦。經過交談，劉邦覺得陳平很有謀略，便任命他為都尉，為自己出謀劃策，同時負責監督軍隊。

劉邦的大將周勃和灌嬰對劉邦重用陳平感到非常不滿，他們說：「早就聽說陳平品行不端，欺兄盜嫂。先跟魏王，魏王不容。後又投奔項羽，項羽也不用。窮困潦倒之際才來投靠大王，看他相貌堂堂，未必有什麼真本事。大王任命他為督軍後，他還接受眾將的賄賂。此人反覆無常，大王您可要警惕啊！」

劉邦聽了也有點懷疑，他召來魏無知求證，魏無知說：「臣向大王推薦的是陳平的才能。」劉邦點頭稱是，然後找了一個恰當的時機，當著眾人的面詰問陳平：「聽說先生曾經侍奉過魏王，不合意又到項羽那裡，現在又到我這裡來了。守信用的人會如此三心二意嗎？聽說先生剛剛上任就

接受賄賂，廉潔正直的人也不會如此吧？」

陳平坦率地回答：「魏王非常固執，不納忠言，我才投奔項王。項羽志大才疏，任人唯親，對人並不信任，所以我就離開了他。聽說您重視賢才，任賢使能，所以我才來投奔。離開項羽時，我把他賞賜的錢財全部送還了他，現在我兩手空空，不接受別人的錢財就無法生括，這難道是我的錯嗎？如果大王認為我有可取之處，就把我留下。如果大王聽信別人的傳言，請大王准許我回家。那些錢財還未用掉，我原封交回好了。」劉邦聽後，趕緊向陳平道歉，並拜他為護軍中尉，專門負責監督和考察大小將官。

陳平感念劉邦的知遇之恩，此後一心輔佐劉邦，多次救劉邦於危難之中，對西漢的建立功不可沒。劉邦死後，陳平還協助周勃誅滅諸呂，進一步鞏固了漢王朝的基業。

古人云，「水至清則無魚，人至察則無徒」，劉邦不因小過而失大節，實屬難能可貴。有道是「人無完人」，為人處世不能盯住別人的缺點不放。我們交朋友，交的是朋友的優點；我們用人才，用的是他的才能。只要大節無錯，就沒有必要吹毛吹疵、求全責備。

總之，我們不能總帶著意識形態的眼鏡看人，動不動就與人劃清界限。每個人都有自己的優勢和缺點，我們要學習他人的優勢，見賢思齊，擇其善者而從之，其不善者而改之。另一方面，人不能自視清高。當你覺得有些人的某些缺點讓你難以容忍時，這些缺點或許就存在於你身上，甚至比對方更甚。放對自己的心態，客觀的意識自己也評價別人，自己做得好與不好，讓大眾去評價。武斷地與別人劃清界限，難保不是在畫地為牢。

第 15 堂課

淡定 —— 心若美好，一切都好

│沒有什麼不能坦然│

據說，一休自幼聰明過人。當他還是個小沙彌時，他的師父有一隻來自唐代的瓷杯，非常珍貴。每次使用杯子時，師父都是小心翼翼。可惜的是，有一天，一休給師父打掃房間，一不小心把杯子打破了。一休非常愧疚，也怕師父斥責自己。就在這個時候，門外傳來了師父的腳步聲，一休趕緊把打破的茶杯藏在背後。當師父踱進房門時，一休已經想好了對策。

一休問師父：「師父，人為什麼一定要死呢？」

師父答道：「這是自然之事。世間的一切，都有死期。有生就有死嘛。」

一休聽了，立即拿出打破的茶杯，說：「師父，您的茶杯死期到了！」說完，一休把茶杯碎片放在桌子上，也不等師父有所反應，就溜出了房門。

萬物有生就有死，這是每個人都必須面對的自然規律，區別只在於坦然不坦然。沒有死，又哪裡顯得出生的意義？與其效仿痴人枉費氣力求什麼長生不老，不若好好地活著，每一天都活出素養、品味與氣度。人如此，物也如此，舊的不去，新的不來嘛！古董也是一個茶杯，既然它的死期已到，大限難逃，何不讓它死得痛快點、瀟灑點、幽默點？

人生沒有什麼不能坦然，只要你足夠淡定，足夠從容。

我和很多朋友一樣，出身農夫，在農村生活時，曾經有一位鄰居大娘，每每不順心時便放開大嗓門痛哭一番，聲稱「活不下去了」，「要死」，實際上她活得也的確不太幸福，老公死得早，兒子不孝順，但另一位鄰居勸他時說的好：「你死都不怕，還怕活著嗎？」

有位大學教授在演講中說過：「很多人之所以感到不幸福，是因為他的幸福指數太高。我們那時候，能吃飽穿暖就是幸福，但現在呢？有了車

有了房也未見得幸福，欲壑難填嘛！」的確，我們不能勸人別追求幸福，但我們不能執迷於幸福，要把它看淡，才能真正感切到它的存在。

人為什麼會生氣？簡言之，他看重某些事，但別人或者他自己沒有做到他期望的程度。人不能按照想像和期望生活，人生有樂就有苦，有得就有失，一個人若是傷感、痛苦、怨恨太多，那肯定是他自己看不開。

禪宗史上有一位晉迢禪師，他非常喜愛蘭花，他的禪院裡擺滿了各種各樣、品種繁多的蘭花。弟子們都說，蘭花就像是晉迢禪師的生命。香客遊人來寺院聽法禮佛時，看到滿架的蘭花暗香四溢，清幽甘暢，都情不自禁地讚嘆不已。也因此，人們乾脆稱晉迢禪師為「蘭花和尚」。

某日，晉迢禪師應邀去城裡講經說法。臨行前，他把一個弟子叫到跟前，說我要去講法，天黑才能回來，你替我好好照顧這些蘭花，記得給它們澆水。

弟子非常負責任，但在給蘭花澆水時，也許是太緊張了，他一個不留意，腳下一絆，竟把整個擺放蘭花的架子撞倒在地，瞬間瓦盆破碎，花葉零落。看著一地的殘花爛泥，弟子嚇得不知如何是好，心想師父回來看到心愛的蘭花這番景象，不知要憤怒到什麼程度？

晚上，晉迢禪師回到寺院，弟子立即向他報告了白天發生的事情，並表示甘願受罰，他本以為師父會火冒三丈，但禪師聽完後只是平靜的笑笑說，你既然不是故意的，我又怎麼能怪你？我的確喜歡蘭花，視蘭花為朋友。但我種蘭花的目的是為了以香花供佛，美化寺院和大眾的心境，不是為了生氣啊。世事無常，轉瞬即逝，沒有什麼東西是不滅不壞的，我怎會執著於心愛的東西而不知割捨？這可不是我們禪門的家風啊！

晉迢禪師不為生氣種蘭花，我們也不會為了生氣做任何事情，但我們不具備晉迢禪師那堪稱偉大的禪功。我們也不想發火，只是有些事情著實

氣人，結果氣大傷身，用別人的錯誤懲罰自己不說，別人看起來還挺沒素養。其實，不為生氣種蘭花不但是一個禪者應有的風度，即便是我們普通人，也應該盡量順應事物的無常變化，不讓外在事物改變我們內心世界的平靜。

人生就像一場戲，既有鮮花美酒，也難免苦澀和荊棘。為什麼同樣是人，有的人總是沒精打采，有的人卻總是怒放盛開？說到底，這是一個能否看開的問題。看開，或者說看破、看透、看淡，說白了就是別把不如意的事放在心上。老天不可能總是「遂人願」，我們得學會「隨天緣」，凡事坦然一點，豁達一點。我們左右不了天氣，但颱風也好，下雨也罷，我們都得保持一份好心情。

▎淡然無極美自來 ▎

唐代的寒山和尚曾作過一首名為《東家一老婆》的詩偈：

東家一老婆，富來三五年。
昔日貧於我，今笑我無錢。
她笑我在後，我笑她在前。
相笑倘不止，東邊復西邊。

這首類似順口溜的詩偈寓意頗深。寒山禪師以生活中一種常見的社會現象為出發點，提出了令人深思的嚴肅問題：過去我看不起的窮人，富了之後反笑我寒酸。我笑她在前，她笑我在後，這樣不停地相互譏笑下去，笑與被笑的位置不斷更換，我們都會陷入無窮的悲喜輪迴中，永無超拔之日。

那麼，世人怎樣才能從榮辱、尊卑、得失、貧富變化的喜與悲中解脫呢？詩人作了暗示：相笑倘不止，東邊復西邊 —— 如果相笑停止，倘若

人人都對別人的譏笑、錯誤不產生報復心理，既不因貧賤羨慕人，也不以富貴傲人，真正持眾生平等的態度；再進一步，打破名利心，超脫於世俗的價值、禍福之外，唯求自心清靜，對世人的讚揚與批評、憎與愛均不動心，這樣就不會再陷入「東邊復西邊」的煩惱中了。

「淡然無極而眾美從之」，這是《莊子》中的名句，簡單說來就是當一個人達到了淡然無極的境界，他就能感受生活中的諸般美好。

那麼淡然是什麼？無極又是什麼？不要指望那部失敗的電影，答案永遠都在我們自己心中。所謂淡然，就是淡泊一切名利，看開、放下，而無極就是終極、最高境界的意思。

必須承認，人生在世，無論貧富貴賤，窮達逆順，都不是生活在真空裡，要生存要發展，都離不開「名利」二字。如果不是「書中自有黃金屋，書中自有顏如玉，書中自有千鍾粟，書中車馬多簇簇」，又有幾個人願意忍受十年寒窗之苦？你能否定「吃得苦中苦，方為人上人」的積極意義嗎？顯然不能。但物質絕對不是人生的全部。「非淡泊無以明志，非寧靜無以致遠」，淡然是一種佳境，因為名利的獲得往往不以我們的意志為轉移。面對人生路上的得失成敗，我們要做到得之泰然，不驚不喜；失之淡然，不悲不怒。

淡然不是讓人得過且過，對什麼都無所謂，我們強調的只是別把成敗看得那麼重要。古人云，「大丈夫行事但求無愧於心」，我們努力了、奮鬥了，只求無愧於心就可以了。所謂「謀事在人，成事在天」，卸下精神負擔，你才能更好地掌握事物的本質和規律，從而贏得成功的青睞。

哲學家邱斯頓說過：「天使之所以能夠飛翔，是因為他們有著輕盈的人生態度。」現實生活中，諸如因為心理壓力過大鬱鬱寡歡，甚至與成功失之交臂者大有人在。究其原因，就在於他們的功利心太重，不能正視生

活中的得失、成敗。其實，人生在世，有誰能夠常勝不輸？生活要求我們學會爭取，也要求我們學會坦然面對。我們要做好隨時都有可能失去的心理準備，因為生活的法則就是有所得必有所失，沒有所得，也必有所失。

「得不到」和「已失去」，是人類萬般愁苦的根源，總是為「得不到」憤憤，為「已失去」傷感，你就永遠無法釋懷，無心感受生活之美。

一個農夫在田裡鋤草，看著茁壯的莊稼，他高興地哼起了小曲。忽然，妻子跑來告訴他，剛剛收到消息，農夫的一位遠房親戚在國外去世了，臨終時指定農夫為遺產繼承人。而在這之前，農夫根本就沒聽說過自己還有一個有錢親戚。

不管怎麼說，那可是一家大珠寶店啊！以後再也不用扛那把討厭的鋤頭了！農夫欣喜若狂，立即回家，開始為出國接收遺產做準備。

就在農夫準備動身之際，卻傳來了不幸的消息，一場大火燒毀了商店，所有珠寶化為灰燼。農夫空歡喜一場，只得重新回家種地。

從此，農夫好像變了一個人，一天到晚愁眉苦臉，逢人便訴說自己的不幸：「那可是一筆很大的財產啊，我一輩子見過的錢還沒有那筆錢的零頭多……」

「你不是還和從前一樣嗎？你就當沒有聽說過好啦！」人們安慰他。

「什麼？」農夫氣憤地叫了起來：「損失了那麼大一筆財產，你們卻說我什麼也沒損失！」

「你不過是失去了一件你從未得到過的東西，跟你有多大的關係呢？」人們繼續勸他。

「好端端的一個珠寶店，突然被燒光了，這不是飛來橫禍嗎？你們是不會了解的，你們不知道我的心有多痛！」農夫始終想不開。不久，農夫在憂鬱中死去。

　　塞翁失馬，焉知非福？農夫得財，結果致禍。其實是福是禍，全憑一心；是得是失，往往只在一念之間。那個農夫為了一個從未真正擁有過的商店憂鬱而終，看似有其道理，其實很不值得。人有悲歡離合，月有陰晴圓缺，這是千古不易的自然規律。但月亮終究會有圓滿的一天，我們需要做的，就是在此過程中保持一份淡定。

‖ 和你的生活開個玩笑 ‖

　　「假如生活欺騙了你，不要悲傷，不要心急！憂鬱的日子裡需要鎮靜，相信吧，快樂的日子終將來臨……」眾所周知，這是普希金（Alexander Pushkin）的名句。鮮為人知的是，在這個資訊爆炸的年代，它已經落伍了──網友們說，「假如生活欺騙了你，你就不必和生活當真。假如生活跟你開玩笑，你就和生活開個大玩笑。絕不能像普希金那樣，總是被動地等待快樂。」

　　「你傷害了我，還一笑而過」，生活有時就像這歌詞，玩笑開得過於離譜，許多人都曾遭受類似的捉弄。那些大的失敗，大的傷痛自不必提，單是柴米油鹽醬醋茶，居家過日子，若是學不會自己找樂子，也難以保持一份好心態、好心情。

　　蘇格拉底就是一個很會自己找樂的人。據說，他的妻子是一位性情非常急躁的人，往往當眾給這位著名的哲學家以難堪。有一次，蘇格拉底在同幾位學生討論某個學術問題時，他的妻子不知何故，忽然叫罵起來，眾生大驚。繼而，他的妻子又提起一桶涼水對著蘇格拉底潑去，致使蘇格拉底全身溼透。當學生們感到十分尷尬而又不知所措的時候，蘇格拉底卻詼諧地笑起來，並幽默地說：「我早知道打雷之後一定要跟著下雨的。」

蘇格拉底也很會勸解別人。

一個黃昏，蘇格拉底獨自一人在街上散步，一個憂鬱的青年引起了他的注意。他走上前去，問道：「朋友，你為什麼悲傷？」

青年認出了蘇格拉底，他長嘆一聲：「唉……我失戀了。」

蘇格拉底：「哦？這很正常，如果失戀沒有悲傷，那麼戀愛就失去了意義。不過朋友，我怎麼發現你對失戀的投入比對戀愛的投入更加傾心呢？」

青年：「哎，到手的葡萄丟了，這份遺憾，這份失落，您不是我，怎麼明白其中的酸楚啊！」

蘇格拉底：「丟了就丟了，鮮美的葡萄多的是。」

青年：「不，我會等到海枯石爛，直到她回心轉意。」

蘇格拉底：「可是，那一天也許永遠不會到來。」

青年：「那我就用死來表達我的忠心！」

蘇格拉底：「可那樣的話，你不僅失去了她，還會失去自己，你會蒙受雙倍的損失。」

青年：「那我打她一頓如何？或者殺了她！我得不到她，別人也別想得到！」

蘇格拉底：「那只能讓你離她更遠，而你的本意是想與她更接近的。」

青年：「那你說，我該怎麼辦？」

蘇格拉底：「你是不是很愛她？」

青年：「那當然！」

蘇格拉底：「那你自然希望你所愛的人幸福。」

青年：「是啊。」

蘇格拉底：「那麼如果她認為離開你是一種幸福呢？」

青年：「怎麼會？她曾經跟我說過，只有和我在一起，才會感到幸福！」

蘇格拉底：「那是曾經，是過去。她現在並不這麼認為。」

青年：「這麼說，她是在欺騙我？」

蘇格拉底：「不，她一直對你很忠誠。當她愛你的時候，她與你在一起；現在她不愛你了，就離開了你。世上沒有比這更大的忠誠！如果她不再愛你，卻還裝作對你有情有義，甚至跟你結婚，為你生子，那才叫欺騙呢！」

青年：「那我這些年對她的付出不全都白費了嗎？」

蘇格拉底：「不，沒有白費。當你為她付出的時候，她同樣在為你付出。當你給了她快樂的時候，她同樣也給了你快樂。」

青年：「可是你看到了，現在痛苦的人是我，不是她。是我在為她痛苦！」

蘇格拉底：「為她痛苦？你不如說是在為自己痛苦吧！她現在也許過的很好，不要老是什麼錯都怪別人。」

青年：「這麼說，這一切反倒成了我的錯？」

蘇格拉底：「是的，如果你沒有錯，她是不會離開你的。要知道，沒有人會逃離幸福！」

青年：「但是我還是想不通，她為什麼就這麼拋棄了我？您說她可惡不可惡？」

蘇格拉底：「好在你現在已經擺脫了這個可惡的人。」

青年：「我好可憐。」

蘇格拉底：「被拋棄的，不一定就是不好的。」

青年：「此話怎講？」

蘇格拉底：「有一次，我在商店裡看到一件很名貴的衣服。我看了半天，愛不釋手。商店老闆問我到底買不買，你猜我怎麼說？我說：『這件衣服品質太差了，不買。』其實，是因為我口袋裡沒有錢。朋友，也許你就是那件名貴的衣服！」

青年：「您的話很有道理，但是我還是不能從失戀的痛苦中解脫。「

蘇格拉底：「時間會撫平你心靈的傷口，去重新選擇你的第一步吧。」

青年：「那我的第一步應該從哪做起呢？」

蘇格拉底：「去感謝那個拋棄你的人，為她祈禱。」

青年：「為什麼！」

蘇格拉底：「因為她給了你尋找幸福和真愛的新機會。」

愛情是沒有公平可言的，正如生活沒有道理可講一樣。當我們一心一意為某個人，某件事付出之後，卻得不到任何回報，我們怎能不哀嘆一聲「蒼天不公」？但適當發洩一下、排解一下即可，千萬不要怨天尤人，更不要自怨自艾，否則只會加深這種痛苦。

老子說：「狂風不會持續一個早上，暴雨不會下一整天」。金庸也說：「他強由他強，清風拂山崗；他橫由他橫，明月照大江」。生活不講理也好，講理也罷，一切都會過去，只要你足夠淡定，足夠從容，「一簑煙雨任平生」，風狂雨驟，世路艱辛，又能奈你何？

換作是你，厄運當頭還能幽默得起來嗎？或許這正是大師與普通人的區別。你不能決定自己的命運，但你可以決定自己的生活。和你的生活開個玩笑，生活就會隨著你笑起來。

第 16 堂課
捨得 —— 人生不過一捨得

‖ 學會捨得，才能獲得 ‖

電影《臥虎藏龍》中有一句經典對白：「當你緊握雙手，裡面什麼都沒有；當你鬆開雙手，世界都在你手中。」李慕白的話，概括地講就是先哲所說的「捨得」之道。捨得，捨得，有捨才有得，捨是前提，得是結果。就好比秋天的收穫始於春天的播種一樣，捨不得灑播希望的種子，哪裡會有豐收的未來？

捨得既是一種處世的哲學，也是一種做人做事的藝術。捨與得的關係，就如同天與地、陰與陽、水與火一樣，是既對立又統一的矛盾概念，相生相剋，相輔相成，出乎天地，入於心間。看似簡單，實則囊括了萬物運行的所有機理。

捨得並非高尚行為，因為「捨」的目的，就是為了「得」。但這無可厚非。光讓人捨，不讓人得，道理上也說不過去。所謂「君子愛財，取之有道」，只要捨得光明，取得正大，別人說些什麼大可不必在乎。

1945 年，在世界反法西斯戰爭的勝利凱歌中，以美國總統羅斯福為首的幾個戰勝國領導人幾經磋商，決定在美國紐約成立一個協調處理世界事務的機構 —— 聯合國。消息傳出，美國著名財團約翰・戴維森・洛克斐勒（John Davison Rockefeller）家族立即召開了家族會議，並在最短時間內出資 800 多萬美元，在紐約買下了一塊地皮，將其無條件地贈送給了這個剛剛掛牌、資金非常短缺的國際性組織。與此同時，洛克斐勒家族還斥鉅資，在這塊地皮周圍，買下了更多的地皮。

對此，很多人都認為這是洛克斐勒家族「燒包」，故作大方，沽名釣譽，甚至認為這是「蠢人之舉」。出人意料的是，聯合國大廈剛剛竣工，與之毗鄰的地皮便開始迅速升值。洛克斐勒財團瞅準時機，或是轉手，或

是自行投資，很短時間內就賺取了數億美元的財富。

洛克斐勒家族的先予後取之道，可謂名利雙收，堪稱商界經典。對於普通人來說，雖然很難有如此大的手筆，但遵循「欲先取之，必先予之」的原則，終歸沒錯。所謂「捨有捨才有得」，一味地以自己為中心，時時處處為自己打算，甚至把自己的獲得建立在損害他人利益的基礎之上，不僅會讓我們離目標越行越遠，還會使我們的人際關係日益惡化，最終被人孤立，受人鄙視。同樣，只要我們勇於「反其道而行之」，先行一步，把對方先要「取」的主動給予他，自然也會獲得他人的認同以及相對的回饋。

日本繩索大王島村芳雄發跡前是一家包裝公司的小職員，月薪 12 萬日元（約新臺幣 27,000），日子過得緊巴巴。有一次，島村在街上散步時，無意中發現很多人手中都提著一個精美的紙袋。原來，這種紙袋是一些店家在顧客購物時免費贈送的，既實用又方便，因此很受歡迎。

後來島村發現，提這種紙袋的人越來越多。他敏感地意識到，紙袋這種東西一定很有發展前途。為了證明自己的想法，島村還設法參觀了一家紙袋加工廠，加工廠熱火朝天的場面讓他怦然心動。他想：紙袋的使用壽命很短，如果風行的話，需要量又多，需求時間也長，那麼用來製造紙袋的繩索的需求量肯定也會大增。想到這裡，島村下定決心，準備辭職大做一番。

首先是解決資金問題。經過多達 69 次的不懈努力，島村終於從一家銀行貸到了 100 萬日元（約新臺幣 22 萬 6 千元），一心經營麻繩。那麼如何才能在競爭激烈的商場上站穩腳跟呢？經過周密地考慮，島村自創了一套匪夷所思的「原價銷售法」。

第一步，島村在麻繩原產地大量採購麻繩，然後按原價賣給東京一帶的紙袋工廠。這樣一來，島村分文不賺不說，還賠上了運費、時間和

精力，而且一賠就是一年時間。好在時間一長，他的「投資」換來了回報，人們都知道島村的繩索「確實便宜」。一傳十、十傳百，四面八方的訂單像雪片般向島村飛來。

終於盼到了這一天！穩定住最後一批顧客，島村採取了第二步行動。他先是拿著厚厚的訂單和一年來的售貨發票收據，對繩索生產商說：「到目前為止，我是一分錢也沒賺你們的。長此以往，我只能破產。我為你們投入了這麼多時間和精力，拉來了這麼多客戶，你們多少也得讓我賺點吧！」為了穩住島村這個大客戶，廠商們當即表示，願意把每條繩索的價格降低 5 分錢。

接著，他又拿著購買繩索的收據前去和客戶們訴說：「他們賣給我的繩索，我都是原價賣給你們的，如果再不讓我賺點錢，我是撐不下去了。」大家看到收據，吃驚之餘都覺得不能讓島村太吃虧，再說這麼好的服務到哪去找？於是，大家爽快地把每條繩索的售價提高了 5 分錢。如此一來，島村每條繩索就賺到了一角錢。

日元一角錢，看似很少，但是別忘了，當時的島村每天至少能銷售 1,000 萬條繩索，其利潤就是相當可觀的日進 100 萬日元！後來，島村的銷售量節節攀升，最高時曾突破 5,000 萬條／日，利潤更加可觀。

我們常說要「放長線釣大魚」，可是看看島村，他又豈止是「釣大魚」，簡直就是在「蓋魚塭」。從賠錢賺吆喝到每日收入數百萬日元，只用了短短幾年時間，島村實在是白手起家者的典範。人生需要付出，捨得也是一種付出。人生需要播種，在收穫之前，你得學會做暫時賠本的生意 —— 這就是島村芳雄給我們的啟示。

| 捨之有度，取之有道 |

有這麼一個寓言：

每年一度的最佳農產品大賽中，一位老農的玉米總是獲勝，當記者問起他的心得時，老農說，自己之所以成功，靠的是把自己的玉米種子分給鄰居們。記者又問為什麼？老農回答說：「玉米是靠風傳粉的，風會將成熟玉米的花粉從一塊地吹到另一塊地。如果我的鄰居種的是品質不好的玉米，那麼雜交傳粉就會讓我的玉米品質不斷退化。」

「送人玫瑰，手留餘香」——這位老農的成功恰恰驗證了這一至理名言。人們常說助人為樂，其實幫助別人收穫的也不只是精神上的快樂，幫人也是幫自己。

「捨得」是什麼？說得太高深只能讓人雲裡霧裡，說簡單點它無非就是願意付出、大方、不吝惜的意思。不過凡事都應有個尺度，捨得也不例外，光有捨，沒有得，過度大方也不好。

有一天，有位居士向某禪師訴苦說：「我非常想為寺裡捐些錢財，為慈善事業略盡綿力，但我的妻子非常小氣，別說捐錢，就連親戚朋友遇到困難，她也不肯接濟。請禪師到我家裡，開導開導她。」

禪師點點頭，跟隨居士來到他家。居士的妻子果然很吝嗇，嘴上說得呱呱叫，什麼高僧請進，大德請坐，卻連一杯清茶都捨不得，只給禪師倒了一杯白開水。禪師毫不計較，欣然接受。只是不知為什麼，他居然把兩隻手握成拳頭，夾著杯子喝水。居士的妻子看在眼裡，噗哧一笑。禪師問她笑什麼，她遲疑著說：「高僧，您的手……是不是有毛病？怎麼總是握著拳頭？」

禪師問：「握著拳頭不好嗎？」

「當然不好了，天天這麼握著，手就畸形了。」

「哦——」禪師像是恍然大悟一般，伸開雙手，並且故意把十個指頭都伸得僵直，然後用兩個手掌夾著杯子喝水。居士的妻子又是撲哧一笑，說：「高僧，你的手雖然不握著了，但總這樣也不好，時間長了，還畸形啊！」

「你說的對」，禪師點點頭，認真地說：「總是握著拳頭會畸形，總是伸著巴掌也會畸形，這就如同我們的錢財，總是一文錢握出汗來，不肯鬆開，天長日久，我們的財富觀念就會畸形；但總是揮霍無度，只知消費，不知積存，同樣是畸形。金錢如水，必須流轉起來，才能實現它的價值。」

居士的妻子越聽越臉紅，她狠狠地盯了居士一眼，心說原來你請這個老和尚是為我上理財課的！看我不給你出個難題。正想著，居士養的一個小猴子跑了進來，她立即起身將小猴子抱過來，說：「高僧您看，這小猴子多可愛呀，跟我們人類的模樣差不多。您法力無邊，能不能把牠變成人呢？」

居士聽了，剛要斥責妻子無禮，高僧卻說：「無妨，猴子不過比人多了一身毛，若肯捨棄，做人有何難？我試試看。不過，能不能變成人，主要看牠自己。」說完，禪師走近居士的妻子，伸手從小猴子身上拔了一根猴毛。小猴子痛得吱吱亂叫，一腳蹬開女主人，逃出了屋外。禪師注視著居士的妻子，意味深長地開導道：「一毛不拔，怎能做人？捨得，捨得，不肯捨得，哪能獲得？」

居士的妻子羞愧得低下頭，再也無話可說。

正如同故事中的禪師所說，我們既要懂得「捨」，也要學會「得」。捨得，並非讓人只捨不得。捨得，應該是一個良性的循環，過度的捨、一

味的得，都會打破這種循環，使「捨」與「得」都變成畸形，令人難以消受，難以認同。

捨得，並非什麼都捨。世間有許多事情不能捨，比如愛情、親情、友情，比如誠信、公德、仁義。不應捨，偏要捨，必然為人不齒。捨得，也並非什麼都能得到。不應得，非要得，只能是得不償失。魚與熊掌不可兼得，我們要分清何為「魚」，何為「熊掌」。為了「熊掌」，有時我們必須捨棄那些不太珍貴的「鮮魚」。

某大公司要招聘一位部門經理，薪資優厚，引得招聘者蜂擁而至。但招聘者不看學歷，也不問經歷，卻給每個應聘者提了這樣一個問題：

在一個風雨交加的晚上，你開著一輛車經過一個車站，車站上有3個人正在等公共汽車，都非常希望能夠搭你的車。其中一位是醫生，曾經救過你的命；一位是美女，像極了你的夢中情人；還有一位是個老人，由於等車時間太久，老人心臟病突發，必須立即送往醫院。但是你的車上只能坐一個人，這時候你應該怎麼辦？並說明理由。

大多數應聘者都選擇了讓老人上車——因為老人快要死了，救人要緊。

一部分感恩型的應聘者認為，應該讓醫生上車，因為他救過自己，這可是報答他的好機會。

也有人提出讓美女上車，他們的理由是：醫生可以改日再報答，生病的老人可以由其他人送往醫院，美女卻可遇而不可求，所以不能錯過這個機會。

面對招聘者，應聘者們侃侃而談，據理力爭。但是最終，卻只有一位年輕人被錄取。他只說了三句話——把車鑰匙給醫生，讓他帶老人去醫院，我留下來陪夢中情人等公車。

　　不得不承認這是最好的答案。那麼大多數人為什麼沒有想到呢？關鍵就在於，他們從一開始就沒有考慮過暫時捨棄自己的車鑰匙，只是想著在現有的基礎上能否再獲得些什麼。有些人甚至寧可什麼都得不到，也不肯捨棄分毫。這樣的人，得不到，能怪誰？

║ 捨得有限，贏得無限 ║

　　日本有一位商人，有一年生意遇到了難處，越做越差，他聽說公司附近山中的禪師不僅通禪道，也通商道，便前往求教。

　　禪師說：「後院有一臺壓水機，你先幫我打一桶水來！」

　　半晌，商人汗流浹背地跑回來說：「禪師啊，怎麼我壓了半天也壓不上水來呢？」

　　禪師：「不往壓水機裡先放點水，怎麼能壓上水來？麻煩施主到山下買一桶水來吧。」

　　商人很不情願的去了，但回來時，他僅僅拎了半桶水。

　　「我不是讓你買一桶水嗎？怎麼才半桶呢？」

　　商人臉紅脖子粗，解釋說：「不是我怕花錢，實在是山高路遠，我提不動啊！」

　　「可是半桶水不夠用啊，你就再辛苦辛苦，再買半桶來吧！」

　　商人無奈，只好又到山下買了半桶水回來。

　　禪師用讚許的眼光看著商人，說：「現在我可以告訴你解決的辦法了。你提著水跟我來。」

　　禪師把商人帶到了壓水機旁，說：「把你買來的水統統倒進去！」

　　商人非常疑惑，心說這可是我辛辛苦苦提上山來的啊，但他不敢違背

禪師的吩咐，於是下定決心，將水全部倒進壓水機裡。禪師又讓商人壓水看看。商人趕緊壓水，沒壓幾下，清澈的井水便噴湧而出。

　　為了一桶水連下兩次山，這個商人也稱得上吃苦耐勞了，但正如很多吃苦耐勞的人終究不能成功一樣，商人的生意也是越做越小，個中原因就在於很多人不懂得捨得之道：倘若你不肯付出自己的「水」，壓水機就不會回報你更多的水。捨得有限，才能贏得無限 —— 經商的朋友尤需牢記這一點。

　　捨得也不僅僅是先付出、後得到那麼簡單。南懷瑾老先生說過，宇宙的道理不過是一加一減，人生需要做加法，也要做減法，也即我們常說的取捨。

　　1973 年，美國青年科萊特成功考進了哈佛大學，他的同桌是一位 18 歲的年輕人。很快，他們便熟識，建立了深厚的友誼。

　　大學二年級的一天，這位年輕人突然勸科萊特和他一道休學，合作開發 32Bit 財務軟體。當時的科萊特心想，大學都沒畢業，開發軟體，怎麼可能成功呢？於是，他委婉地拒絕了年輕人的邀請。

　　光陰似箭，轉眼十年，此時的科萊特已經成為了哈佛大學電腦系 Bit 方面的博士研究生。而那位休學的年輕人，卻在這一年進入了美國《富比士》億萬富翁排行榜！

　　1992 年，科萊特拿到了博士後學位；那位美國年輕人的個人資產已經高達 65 億美元，成為美國第二富豪。

　　1995 年，科萊特終於覺得自己已經擁有了足夠的實力，可以研究開發 Bit 財務軟體了；而那位美國年輕人，卻已經跳過了 Bit 系統，開發出了 Eip 財務軟體，它比 Bit 快了 1,500 倍，僅僅兩週時間，Eip 便占領了全球市場。那位美國年輕人，因此一舉成為了世界首富，他就是微軟總裁 —— 比爾蓋茲。

試想一下，假如比爾蓋茲依然在哈佛深造，學習課本上千篇一律的東西，他還有可能帶來電腦界的革新嗎？也許他會成為一名白領，一個高管，但不可能成為一個改變世界的人物。人生就是這樣，你不可能占盡一切美好的事物，你必須在關鍵時刻都所捨棄，才能成為日後的大贏家。

再看老虎伍茲（Eldrick Tont Woods）。他出身貧寒，上小學時，他在鄰居家看了一部有關著名高爾夫球手傑克‧威廉‧尼克勞斯（Jack William Nicklaus）打球的短片，回到家他對父親說：「我一定要成為像尼克勞斯那樣偉大的高爾夫球手！」父親笑笑，認為這不過是小孩子心血來潮，但還是為他做了球桿，並在大門前挖了幾個球洞。從此，伍茲便有模有樣地打起了高爾夫球，數年如一日。上國中時，體育老師發現了伍茲的才華，在得知其夢想後，慷慨解囊，出資讓伍茲去俱樂部打球，伍茲的球技得以突飛猛進。

但不久，一位同學幫伍茲謀到一份週薪 500 美元的職位，這對家境貧寒的伍茲而言，誘惑力可想而知。於是他婉轉地告訴老師，自己想進入職場改善家庭，不想繼續打球了。老師說：「孩子，難道一個成為偉大的尼克勞斯的夢想，只值每週 500 美元嗎？」一句話打消了伍茲的念頭，堅定了他的信念。幾年後，他終於成為了繼尼克勞斯之後最偉大的高爾夫球手。

我們或許成不了比爾蓋茲，也成不了伍茲，但我們同樣有我們的夢想，同樣要面對類似的人生抉擇。

成功的路太遠，為了未來，你要知道自己想要什麼，並懂得抵禦腳下的誘惑。做好人生的減法，捨棄現在應該捨棄的，你才能在未來得到自己應該得到的。

第 17 堂課

放下 —— 割捨生命中的多餘

∥別等到痛了再放手∥

從前，有一個痛苦的年輕人去寺院找一位老禪師傾訴心事。

年輕人說：「我放不下一些事，放不下一些人。」

禪師說：「這個世界上沒有什麼東西是放不下的。」

年輕人說：「我也想放下，可是有些人和事我偏偏放不下。」

「讓我來幫幫你，」禪師拿來一個茶杯，讓年輕人雙手端著，然後他提起一壺沸水，往茶杯裡倒水，一直倒到水滿杯溢，直接流到了年輕人的手上！

年輕人被燙得手一抖，噹啷一聲，茶杯掉在了地上。

禪師說：「看到了吧，這個世界上沒有什麼事是放不下的 —— 痛了，你自然就會放下。」

痛了，自然就會放下。痛了，仍不放下，只會更痛苦！所以，很多事情，我們應該放下，也必須放下，而且不能等到痛了再放手。

「放下」本是禪語。佛經中記載：有一個叫黑指的婆羅門（Brahmin），他修行非常刻苦，數十年如一日，終於練出了大神通。但他自己清楚，這並不是真正的解脫，因為他心裡總有一縷無名的煩惱。這天，黑指奮起神力，左手舉著一棵合歡樹，右手舉著一棵梧桐樹，前來獻佛。佛祖親切的招呼了他一聲，然後說：「放下吧！」黑指趕緊放下左手的合歡樹。「放下吧！」佛祖又說。黑指又放下了右手的梧桐樹。然而佛祖還是對他說：「放下吧！」黑指不解：「我已經兩手空空，還要我放下什麼？」佛祖說：「我並沒有叫你放下花樹。你應該放下的，是心中的執著。也就是放下你的外六塵、內六根、中六識。當你把這些統統放下，捨至無可捨去之時，你將從生死桎梏中解脫。」黑指當下領會，禮拜而去。

　　佛家認為，色、聲、香、味、觸、法為「外六塵」，眼、耳、鼻、舌、身、意為「內六根」，眼識、耳識、鼻識、舌識、身識、意識為「中六識」。此三者是人們產生意識活動（也即欲望）的所有途徑。如能全然放下，便可解脫。

　　坦率地說，佛家的境界，一般人難以企及，也未必值得效仿。我們只需思考：差不多的兩個人，有的人為什麼活得輕鬆？有些人又為什麼活得沉重？很簡單，前者是拿得起，放得下。後者是拿得起，卻放不下。

　　有求皆苦，放下同樣令人痛苦，尤其是在我們付出了巨大的努力之後。但人生在世，很多事情由不得我們做主，「長痛不如短痛」，我們現在不放，將來被逼無奈也得放；我們現在不放，將來恐怕連放下的機會都沒有。

　　春秋時期的范蠡，出身貧賤，但博學多才。越國大夫文種非常佩服他的才學，便把他推薦給了越王勾踐。後來，勾踐被吳王夫差打敗，退守會稽。鑒於形勢，勾踐採納了范蠡的計策，向夫差稱臣，並親自前往吳國做人質。當時，夫差聽說范蠡很有才能，曾經試圖延攬他，並許以高官厚祿，但范蠡說：「大王能夠留我一命，我就很滿足了，哪還敢奢望榮華富貴？」不肯變節。

　　此後數年，范蠡一直陪著勾踐在吳國當人質，多次化解了夫差的疑慮，最終騙取了夫差的信任，與勾踐回到越國。回國後，范蠡又配合勾踐「臥薪嘗膽」，發憤圖強，歷經二十餘年，最終滅掉了吳國。

　　勾踐班師回國後，大擺慶功宴，席間一個樂師即興作了一首《伐吳曲》，曲子中不免稱頌范蠡、文種的功勞，勾踐聽後什麼也沒說，但是表現得有點不高興。范蠡頓時心寒：勾踐猜疑、嫉妒，不想歸功於臣下。為了避免殺身之禍，范蠡決定急流勇退。

　　第二天，范蠡面見勾踐，請求退隱江湖，勾踐卻假惺惺地說：「沒有先生，寡人就沒有今天。如果先生留下，我願意和您一起共享越國。」范蠡再次請求，勾踐居然威脅他說：「先生如若私自逃走，必將身敗名裂，一家老小難保！先生還是留下來與我共享越國吧！」

　　范蠡與勾踐共事多年，非常了解他的心思，哪敢留下來和他共享越國？當天晚上，他便帶著家人不辭而別，終生未回越國。善於經營的他，不久便成了富可敵國的實業家，被後世尊為「商聖」。

　　范蠡走後，還給曾經「風雨同舟」的好朋友文種寫過一封信，勸他「速速出走」，文種起初不信，但後來看到勾踐與功臣們逐漸疏遠，方才如夢初醒，便假托有病，不再上朝。然而為時已晚，勾踐深知文種才華過人，便借奸臣誣告文種之機，賜給文種一把寶劍，說：「先生曾經教我伐吳七策，我僅用三策就滅掉了吳國。現在請先生帶著其他四策去地下服侍先王吧！」文種仰天長嘆一聲，說道：「我真後悔當日不聽范蠡之言，如今果然是兔死狗烹、鳥盡弓藏！」說罷拔劍自刎。

　　縱觀歷史，我們悲哀的發現，儘管「兔死狗烹、鳥盡弓藏」的事情一再重演，但因為貪戀名利最終飛蛾撲火的人從來不曾少過。難道這些人都不明白嗎？顯然不是，單說故事中的文種，其智謀並不見得就比范蠡遜色。其實，范蠡的難能可貴之處，就在於他看透了名利場這個最殘酷的戰場，從而勇於在自己事業如日中天之際激流勇退。這是大智，更是大勇。而且從范蠡後來「三致千金」來看，棄政從商對他來說未嘗不是一片更適合的天地。

　　總之，人生需要放下，人生也沒有什麼放不下，別等到痛了再放下。當你覺得難以抉擇時，放下就是最好的選擇。

‖放下，然後前行‖

美國有一個故事：

一個青年感覺生活壓力太大，他找到智者，向他求教。智者找來一個空簍子，讓青年背在肩上，然後指著不遠處的一條沙礫路說：「你沿著路走，每走一步就撿一塊小石頭放進去，我在盡頭等你。」當青年背著沉重的簍子，氣喘噓噓地走到智者面前時，智者問他一路走來有什麼感覺？

青年說：「感覺簍子越來越重。」

智者說，「沒錯，我們每個人生下來都背著一個空簍子，我們每走一步，都要從世間撿一樣東西放進去，一路走來，自然越來越重，越來越累。」

青年問：「難道沒有辦法可以減輕一些嗎？」

智者反問：「那麼你願意把愛情、家庭、友誼哪一樣拿出來呢？」

青年不語。

智者說：「我們的簍子裡，除了精心尋找、追求所得，還有責任。當你感到生活沉重時，也許你應該想想總統，慶幸自己不是總統，他的簍子可比我們大多了，也沉多了。」

生而為人，有些責任的確不能推脫，不能逃避，但我們不能照搬美國經驗，因為他們不懂放下。如果你感覺自己的簍子很沉重，那就定期把簍子放下來，檢查一下，裡邊說不定會有很多無關緊要的負擔、無謂的應酬、無關痛癢的摩擦和矛盾。

佛經中有一個類似的故事：

有一次，佛祖在講到斷愛時，給弟子們打比方說：「比如有一個人，他在旅行時遇到了大洪水，他所處的河岸邊充滿了危機，但彼岸非常安

全，他想渡河，附近卻無船可搭，他便採集草木枝葉，做了一個簡單的木筏，順利登上了彼岸。上岸後，他想：「這個木筏真是太有用了，這麼丟了太可惜了，我不如背著它上路，以後再渡河就不用著急了……」

接著，佛祖說：「這個人的行為非常愚蠢，因為他不能斷愛。」

「那麼他應該如何處置呢？」有弟子問。

佛祖說：「正確的做法是把木筏拖到沙灘上，或者停泊在一個水流平靜和緩的地方，然後繼續行程。因為木筏是用來渡河的，不是用來背負的。世人呀！你們應該明白好的東西尚應捨棄，何況是不好的東西呢？」

所謂斷愛，就是割捨。佛經上說，「斷愛近涅槃」，「涅槃」就是修成正果，對於普通人來說就是有所轉機，有所成就。相反，不懂得割捨，像那個扛著船前行的人一樣，只能是因愛負累，因愛生害。

回頭看一看，我們是不是也在負筏而行？生命不能太負重，越是追求，就越是要隨時隨地斷絕自己的渴愛，因為有所捨棄，才能有所獲得。放不下，就永遠跨不出那個坎。

｜睿智選擇，理智放棄｜

忘了是哪位哲人說過：「有兩種選擇是一種痛苦，有多種選擇則是一種折磨。」的確，就比說穿衣服吧，很多女性都會為穿哪件衣服上街頭痛，她們頭痛的並不是沒有衣服，而是因為衣服太多，多到了她們不知道該穿哪件不該穿哪件。

人生也是這樣。當一件事情讓你頭痛的時候，往往並不是這件事情有多難辦，而是因為你不懂得選擇，不願意放棄。

有一次，某電視臺舉辦了一次有獎智力競賽，其中有這樣一個題目：

當陳列著畢卡索、張大千等藝術家的名作的博物館失火時，你只來得及救一幅畫，那麼你會救哪幅？

競賽者成千上萬，但只有一個年輕人回答正確，他的答案是：救離出口最近的那幅。

這是明智的選擇。不要總是想著畢卡索的畫或許更值錢些，要想想自己救完畫還能不能安全離開。

很多人都抱怨機會難得，其實在這個泛商業化的時代，機會並不是什麼稀缺資源。打工，還是創業？跳槽，還是留下來？……人生路上，我們有太多的選擇機會，但機會一多，人們要麼無從選擇，要麼是這也想做，那也想做，一輩子都在選擇，總是覺得已經到手的不是最好的，結果到最後往往連最不好的也掌握不住。機會，對於一個是機會都想抓住的人來說，反而是一種禍害。換句話說，你必須知道某些東西並不適合你並主動放棄它們，才能創造成功的人生。

誠然，放棄意味著痛苦，但不放棄或許意味著更大的痛苦，乃至毀滅。歐諾黑·德·巴爾札克（Honore de Balzac）說過：「在人生的大風浪中，我們常常要學學船長的樣子，在狂風暴雨之下把笨重的貨物扔掉，以減輕船的重量。」比如：當一個人投入了大筆資金進行創業，付出了幾年時間和精力之後，發現仍然沒有任何盈利，這時他就應該清醒的審視自己的事業是不是應該放棄了。毫無疑問，這事擱在誰頭上都不好受，但是堅持下去更不行，除非行業出現了轉機，否則他早晚都得被迫放棄。到了那一步，他除了多浪費了一些時間，死得更慘一些之外，恐怕還會失去東山再起的機會和能力。而及早放棄，卻可以讓你騰出時間、資源和精力，及時去做更有意義、更有價值的事情。

美國成功學大師拿破崙·希爾（Napoleon Hill）認為，如果一開始

沒成功，再試一次，仍不成功的話，就應該放棄，愚蠢的堅持毫無益處。諾貝爾獎得主萊納斯‧卡爾‧鮑林（Linus Carl Pauling）則說：「一個好的研究者，必須知道哪些構想應該發揮，哪些構想應該丟棄，否則他就會把大把的時間浪費在那些差勁的構想上。」然而，生活中人們卻總是忽視這一點，雖然很多人都把「拿得起放得下」掛在嘴邊上，但事到臨頭，面臨抉擇時大多數人卻往往會盲目地相信「堅持就是勝利」，殊不知此時所謂的堅持，其實質則是人們的僥倖心理。人生不是賭博，明知勝利無望偏要寄希望於奇蹟，為什麼要把自己往絕路上逼呢？要知道，放棄並不是世界末日，理智的放棄只不過是讓你把拳頭收回來，準備下一次出擊而已。

人們常說，選擇比努力更重要。既然是選擇，就有選擇錯誤的時候。既然錯誤了，那就改吧，但現實生活中很多人絕不是這樣，他們更相信努力，相信努力可以改變一切。其實我們也不否認努力，只是生活中有很多人努力了一輩子都毫無結果。與其一錯到底，在錯誤的地方浪費力氣，為什麼不把它用在正確的地方呢？當一個人懂得放棄並有所放棄的時候，就意味著他已經成熟了，就意味著開始走向成功。勇於堅持，更要勇於放棄，因為放棄不是失敗，只是暫時中止成功。

多年前，有一個美國小女孩，她從 3 歲時便開始接受音樂教育，4 歲時她已掌握了一些簡單的鋼琴曲。16 歲那年，她考入了丹佛大學音樂學院，夢想成為一名職業鋼琴家。然而就在當年夏天，她卻放棄了這一夢想。因為在著名的阿斯本音樂節上，她看到一些剛剛 11 歲的孩子，只看一眼就能演奏她要練上一年才能彈好的曲子。一向頗為自負的她，感覺到了自己的巨大差距，於是她鼓起勇氣向父母解釋說：「對不起，我改變主意了。我不再想成為一個鋼琴家。」父母表示接受女兒的決定，而她自己的心中卻像堵了一塊巨石。

　　好在不久，她就發現了新的目標——「國際政治概況」，她的導師也認為她是這一領域難得的千里馬，因此傾其所能地指導她，將她引向了國際關係和蘇聯政治學領域。33 歲時，她已經成為了一名傑出的教授。1987 年，在一次晚宴上，她簡短而有特色的致辭引起了時任國家安全事務助理的布倫特・斯考克羅夫特（Brent Scowcroft）的注意。從此她在政界青雲直上，直至成為了美國歷史上第一位黑人女國務卿。

　　她就是創造了黑人女性歷史的康多莉札・康迪・萊斯（Condoleezza Condi Rice）。

　　成就自我的道路有很多，我們不能在死路裡浪費時間和精力。賴斯，就是最好的例子。從一個備受歧視的黑孩子成長為叱吒風雲的政壇明星，這自然離不開賴斯的努力，但是她善於自省、勇於放棄的能力，無疑更值得我們深思：放棄，不過是一種智慧的選擇。

第 18 堂課

知足 —— 知足才會滿足，惜福才會幸福

∥ 知足天地寬，貪得宇宙隘 ∥

「唐宋八大家」之一的柳宗元寫過一篇〈蝜蝂傳〉，講得是有一種叫做「蝜蝂」的小蟲子，生來喜歡背負東西。牠一路前行，不論遇到什麼總是抓取過來背在身上，因此沒多久牠就因負重過多累得走不動了。有人可憐牠，替牠去掉了背上的東西，可蝜蝂總是把那些東西再次背上。加上牠們喜歡往高處爬，用盡力氣也不肯罷休，結果只能疲累而死。

蝜蝂是不是自己把自己累得絕了種，我們不得而知，或許牠只是一種傳說中的小昆蟲，但牠的貪心，卻普遍存在於很多尚未滅絕的動物身上，尤其是我們人類。

有雜誌介紹說，在澳洲，有一片名叫「springlook」的草原，那裡的草長得特別肥美，因此那裡的羊群發展得特別快，但是每當羊群發展到一定程度，就會出現一種非常奇怪的現象：走在前面的羊群總能吃到草，而走在後面的就只能吃些「殘羹剩飯」，肚子都填不飽。於是後面的羊群就會拚命往前跑，前面的羊群自然不甘落後，吃完眼前的草之後，也會拚命地向前跑。就這樣，羊群為了爭奪食物，都不願落後，草原上就形成了一種非常壯觀的景象，羊群你追我趕朝著同一個方向不停地奔跑。但草原的盡頭是一個懸崖，羊群跑到邊緣收不住腳，就紛紛身不由己地跳下了懸崖。

類似的故事還有因紐特人捕熊的方法。在北極圈內，體重達 1,000 多磅的北極熊沒有任何天敵，除了因紐特人 —— 北極熊嗜血如命，因紐特人便利用牠們的嗜好，將海豹等動物的血凍結成冰，中間暗藏一把雙刃匕首，然後把這種精心製作的「血豆腐」扔在北極熊出沒的地方。北極熊聞到血液的氣味，就會迅速趕來，然後貪婪地舔食血塊。幾分鐘後，牠的舌頭就會逐漸麻痺，刀刃劃破舌頭也感覺不出來。而且受自己的鮮血氣味

刺激，牠會越舔越快，鮮血也越流越多，最終北極熊因失血過多而倒地休克，落入因紐特人手中。

俗話說：「貪心不足蛇吞象」，試想，蛇有可能吞得下一頭大象嗎？即使是南美洲的大蟒蛇，恐怕也沒本事吞下一頭剛剛出生的小象，那麼這句俗語到底想說些什麼呢？很簡單，小心貪心會要了你的命。蛇不能將一頭大象活活吞下去，但是在蛇的心裡，牠的確很想將一頭象活活地吞掉。那麼，當一條蛇硬將一頭大象活活吞下去，會有什麼後果呢？應該只有兩個可能性：第一，這條蛇會活活地被撐死；第二，即使這條蛇沒被撐死，牠也將會太重走不動而被人們活生生地捉住。

很多人不解：貪官們要那麼多的錢做什麼？十輩子都花不完！「知足天地寬，貪得宇宙隘」，貪官貪財，並不一定都是以享用為目的，他們只是不能克制心中的貪欲而已。我等凡夫俗子也是如此，只是與貪官不在一個重量級而已。君不見無數原本快樂的人，一旦被名枷利鎖束縛，就永遠在煩惱是非中團團打轉，一刻也不得自在、清淨。

人要學會知足常樂，否則就會陷入貪得無厭的境地，迷失方向、迷失自我，甚至自取滅亡。看淡功名，看輕富貴，非大智大勇者不能做到。「苦海無邊，回頭是岸」，要解脫人生的痛苦，獲得心靈的安寧和精神的愉悅，就要學會淡泊，不為名利所累。少一分名利之欲，就多一分清淨心。

現代人常說，「錢不是萬能的，但沒錢萬萬不能」。物質社會非常現實，一個人沒有錢就無法生存，因此身在人世間，我們必須追求這生不帶來，死不帶走的錢。但阿圖爾‧叔本華（Arthur Schopenhauer）說過：「金錢就像海水，喝得越多，你就越渴。」地球不能沒有海水，人類不能沒有金錢。但金錢只有在你覺得知足的時候，才會帶給你快樂，否則它除了給你煩惱和痛苦之外，毫無任何積極意義。

有個寓言叫〈牧民思羊〉，說的正是這個道理：

從前有個牧民，從擁有 99 隻羊的那一天起，他就眼巴巴地盼望著能再加上一隻羊，湊滿 100 隻。

一天深夜，他輾轉反側，忽然想到村後山上寺院裡養著一隻羊，寺院裡的禪師據說已經得道，我不如求他把那隻羊施捨給我。於是他連夜動身，前去懇求禪師慈悲為懷，把那隻羊送給自己。禪師正在打坐，聽聞來意，淡淡地說：「牽走吧！」

過了一年，牧民再次光臨寺院。禪師見他愁眉苦臉，便問他為何如此心焦？

牧民苦笑說：「實不相瞞，您送我的那隻母羊前兩天生了 5 隻小羊……」

禪師說：「既如此，你應該高興才是啊！」

牧民搖搖頭說：「的確，我已經擁有 105 隻羊了，可是我什麼時候才能擁有 200 隻羊呢？我聽說您又養了幾隻羊，不如……」

禪師站起身來，給牧民端來一杯水，遞到他手中，說：「先喝點水，我們慢慢說。」

牧民喝了一口便大叫起來：「這，這什麼水啊？怎麼這麼鹹？」

禪師開釋他說：「你給自己喝的一直都是鹹水啊！」

憑心而論，牧民沒辦法不思羊，因為家裡的食衣住行和小牧民的學費，都出在羊身上。物價越來越高，家裡羊太少的話，肯定睡不安穩。但這絕不代表他就有理。禪師也不容易，你自己喝鹹水也就罷了，為什麼要讓大家陪著你一起喝呢？俗話說，越渴越吃鹽，人必須得正視自己的現狀。欲而有節，猶如清茶一杯，其味雖淡，卻能滋潤生命。而貪念則是一杯鹹水，其味雖濃，卻只會越喝越渴，即便給你一個太平洋，也無法消解那心頭之渴。

｜修剪欲望的灌木叢｜

據說，泰國首都曼谷西郊一處寺院裡住著一個法師。由於寺院地處偏遠，香火非常冷清，因此法師沒事的時候經常會去寺院周圍的山坡上修剪灌木。天長日久，很多灌木都被修剪得整整齊齊。

有一天，寺院裡突然來了一位不速之客。來人衣衫光鮮，氣宇不凡，一看就是一位身價不菲的大亨。法師親自接待了貴客，並陪他四處觀光。行走間，客人問：「一個人怎樣才能清除自己的欲望？」

法師回屋取出自己的剪刀，然後把客人帶到寺院外的山坡上說：「您只要經常修剪一棵樹，欲望就會消除。」

客人疑惑地接過剪刀，走向一叢灌木，唭嚓唭嚓地剪了起來。大約半小時後，法師問他感覺如何。客人笑笑：「感覺身體倒是舒展輕鬆了許多，可是心裡的欲望還是沒有放下。」

「剛開始是這樣的。經常修剪，就好了。」法師頷首說道。

客人雖然不解，但自此之後，每星期他都會準時開車到寺院來剪灌木。三個月後，法師再次問他，是否已經懂得如何消除欲望？

客人面帶愧色，長嘆一聲說：「可能是我太愚鈍，在這裡剪樹的時候，還能夠做到氣定神閒，心無罣礙。可是一回到我的生活圈子裡，所有的欲望依然像往常那麼多。」

法師呵呵一笑，指著客人修剪過的灌木說：「這幾天你有沒有發現，無論我們多麼勤奮地修剪一棵樹，原來剪去的部分都會重新長出來。這就像我們的欲望，你別指望完全消除。我們能做的，就是盡力把它修剪得更美觀。放任欲望，它就會像這滿坡瘋長的灌木，醜惡不堪。但經常修剪，它又能成為一道亮麗的風景。對於名利，只要取之有道，用之有道，利己

惠人，它就不應該被看做心靈的枷鎖。」

對於「欲望」本身而言，並無所謂好壞。印度哲學家吉杜‧克里希那穆提（Jiddu Krishnamurti）說過：「對欲望不理解，人就永遠不能從桎梏和恐懼中解脫出來。如果你摧毀了你的欲望，可能你也摧毀了你的生活。如果你扭曲它，壓制它，你摧毀的可能是非凡之美。」聖人孔夫子也說過：「食色，性也」，食即食慾，色即性慾，性即本性。欲望不僅是與生俱來的，也是生命的前提。從這個意義上說，欲望可謂人類社會發展與歷史進步的根本。

但正如滿山的灌木不經修剪就會瘋長一樣，人類的欲望如果不加控制，同樣會氾濫成災。筆者有一位同鄉在養鴨廠工作過，閒聊時無意中聽他說起怎麼餵鴨子：強行掰開鴨子的嘴，然後強行塞進揉搓成圓條狀的飼料，鴨子想叫都沒辦法叫，只有乾眨眼的份。接下來，還要用手緊緊往下捋鴨子的脖子，把那些硬塞進去的飼料再捋進鴨子的胃裡，直到實在不能再塞了，才把鴨子關進鴨棚。通常至少是幾百隻鴨子關在一起，鴨棚裡連個活動的地方都沒有。這樣塞上、關上若干天，鴨子非肥不可……從那一天起，我才算真的明白了什麼叫填鴨。

巧得很，筆者還有一位朋友是養魚專業戶，有一次閒聊時我問他養魚最擔心什麼，他說最擔心工人一次餵得太多，因為魚是很貪吃的，即使吃飽了，只要有食物，牠們還是會不停地吃下去，直至吃飽撐死。

鴨子明明不想吃卻不得不「吃」，魚兒明明吃不了那麼多卻要一個勁地吃，這看似是鴨子和魚兒的悲哀，其實質則源自於我們人類自身的悲哀。面對食物、金錢、名譽、權力、性等等誘惑，我們人類到底比魚兒聰明多少呢？我們每天都在為追逐「食物」奔波，有人為吃不到的「食物」黯然傷神，有人為吃到了「食物」歡呼雀躍，有人則為了吃到更多的、更

好的「食物」而絞盡腦汁，甚至不惜以身試法，出賣肉體、良心和靈魂。

　　俄國小說家列夫・托爾斯泰（Leo Tolstoy）曾經寫過這樣一個故事，有一位貪心的地主，來到了一個擁有廣大領地的部族，準備購買族長的土地，最後雙方約定，在一天之內，無論地主走得有多快，他用雙腳圈定的土地都將屬於他。於是，這位貪婪的地主就開始拚命地趕路，但是由於他走得太遠了，為了在日落時趕回原地，他只得拚命地奔跑，等他跑到起點時，卻因心力交瘁，累死在了起點……

　　「創作來源於生活」，很多人都認為，這個故事的創作靈感可能來自托爾斯泰的妻子。眾所周知，托爾斯泰是當時世界上最有影響力的大作家之一。隨著事業的不斷發展，他的社會地位、財富等等自然與日俱增。但是作為一個思想者，身為貴族的他在世界觀及名利觀方面都發生了巨大的改變，他曾經多次表示：「我要放棄令人作嘔的貴族地位，把財產分給農夫……」而托爾斯泰的妻子對此卻表現得非常激烈：你不能那麼做！你沒有權利！我的兒女們將如何生活？後來，當她得知托爾斯泰準備將自己的財產全部捐獻出去之後，兩個人的矛盾更是雪上加霜。不久後的一個深夜，托爾斯泰的妻子來到丈夫房間，藉口是「看看丈夫睡覺時是否蓋得暖和」，真實用意卻是尋找托爾斯泰的遺囑！這一次，托爾斯泰被徹底激怒，他寫下一封訣別信，於凌晨時分冒著寒風離家出走！不久後，這位文壇巨星竟因感染風寒溘然長逝於一個荒涼的小火車站。

　　在這裡，我們無從分辨誰對誰錯，錯的只有人類的欲望。世人往往無法逾越欲望的雷池，從而毀滅自己，傷害家人。人心永不知足，貪欲永無止境，人們就這樣在名利面前迷失了自我，這也是人性的最大缺憾、最大悲哀。所以，做人一定要想透，欲望就像土地，永遠沒有止境。人活著當然要努力奮鬥往前走，但也一定要知道什麼時候該「往回跑」。

∣ 不完滿才是人生 ∣

看過這樣一個寓言：

有一個被切去了一角的圓，它很想恢復完整，沒有殘缺的活著，便踏上行程，四處尋找失去的部分。由於它殘缺不全，滾動得很慢，所以它能在路上欣賞風景，聞花香，和毛毛蟲聊天，享受陽光和雨露。它遇到過各種不同的碎片，但有的太小，有的太大，有的太尖銳，有的又太方正。有一次，它好像找到了一塊合適的，但沒有抓牢，又掉了；還有一次，它抓得太緊，弄碎了……直到有一天，它終於找到一個非常合適的碎片，它小心地把碎片拼在自己身上，快樂地滾動起來。由於它變得非常完整，所以滾動起來特別快，快得使它停不下來，看不清路邊的花草樹木，也不能和毛毛蟲聊天。於是它主動停下，把那塊補上的碎片又丟在了路旁，慢慢地滾走了。

就像那個缺角的圓一樣，世上沒有任何人的生命完整無缺，只要他肯面對現實，每個人都至少缺少一樣他認為很重要的東西。有人夫妻恩愛，郎才女貌，卻患有嚴重的不育症；有人才幹非凡，瀟灑倜儻，情字路上卻異常艱辛；有人學界泰斗、德藝雙馨，卻子孫不孝，互爭財產；有人看似好命，卻一頭糨糊，形同白痴……每個人誕生在世上，多少都帶著點缺憾。你可選擇憎恨它，也可以選擇善待它。因為不完滿也是人生的一部分，善待它就是善待生活，善待自我。

我們總是像那個還未經歷過圓滿的圓一樣，不遺餘力地追逐著自己的圓滿。然而圓滿未必是好事，缺憾並不意味著不美。誰懷疑斷臂維納斯的美麗，誰想彌補這種缺憾的美？真善美是不可分的，只有真實的東西才可能是美的，否則又何來「人造美女」一說？

車爾尼雪夫斯基（Nikolay Gavrilovich Chernyshevsky）說：「既然太陽上也有黑點，人世間的事情就更不可能沒有缺陷。」任何人、任何物都不可能完滿。即使有圓滿，也是暫時的，而缺憾卻是常態。

人生有很多事可以透過努力改變，比如社會地位；但有些事情無論如何努力都無法改變，比如我們的父母、出生地、膚色、家境。大丈夫生於人世間，絕不應該像螻蟻那樣庸碌一生。對於那些可以改變也應該改變的東西，我們必須自強不息。但是對於那些無法改變的東西，我們也必須學會接受。

《百喻經》中有個〈比種田喻〉，說的是古印度有位農夫，他見鄰居的麥子長得很好，便向鄰居請教。鄰居說：「把地整得平平鬆鬆的，再多施些肥料，你的麥子也能長好。」等到再次種麥時，他便按照鄰居的方法，把地耙了一遍又一遍，也施了不少肥料，但撒種子時，他想：「如果我的腳踩在田裡，豈不是要把耙鬆的地再次踩硬？不行，我不如坐在一張桌子上，找人抬著桌子，那樣我的腳就不會把地踩硬了。」於是他請了四個人幫忙，每人抬著一根桌子腿，抬著他到田裡去撒種，結果四個人在田裡抬著他轉來轉去，反而把地踩得更硬了。

世上很多事情，就如同種地肯定會踩到地一樣，必然有其缺憾。我們應該只能盡量努力去做，但不能苛求完滿。

人生本無所謂圓滿，也無所謂不圓滿。圓滿是一種感覺，是一種只有經歷過缺憾的人才能懂得的美好感覺。圓滿的人生，並不是真正的擁有一切，而是珍惜現有的一切。

第 19 堂課

平衡 —— 幸福比幸運更重要

‖上帝不會厚此薄彼‖

其實，人生失意無南北，名人也有名人的煩惱。

西方有一個著名歌星，30歲不到就享譽全球。據說，她的家庭也很美滿，有一位事業有成的丈夫，兩個乖巧伶俐的孩子，因此，很多人把她的名字當成了「幸運」的代名詞。

有一次，她去鄰國開演唱會，受到該國歌迷極為熱烈的歡迎。演出結束，她和丈夫、兒子剛剛走出劇場，就被守候多時的粉絲和小報記者們團團圍住。大家七嘴八舌，輪番上陣，有人恭維她大學沒畢業就走紅歌壇，粉絲無數；有人恭維她已被世界著名雜誌評為全球最具魅力的女性；也有的人恭維她不僅有個腰纏萬貫的丈夫，還有個活潑可愛的兒子……

女歌星靜靜地聽著，一句話也沒說。直到大家把話說完，她才緩緩地說：「謝謝大家對我和我的家人的讚美，但是，你們看到的只是一個方面，還有另外一個方面沒看到，那就是你們誇獎的我那個活潑可愛的兒子，其實是一個不會說話的啞巴，而且，他還有一個姐姐，由於患有嚴重的精神分裂症，常年都要被關在裝有鐵窗的房間裡。」

人們震驚得說不出話來，你看看我，我看看你，似乎是很難接受這樣的事實。女歌星又心平氣和地對大家說：「這沒什麼。上帝給誰的都不會太多！」

我們的生活中不乏類似的例子，筆者曾經的老闆「王哥」就是其一。幾年前，一次午休，一個任職沒多久的女同事酸溜溜地說，如果自己的男朋友能有「王哥」十分之一，自己也就滿足了。看看人家「王哥」，年輕有為，瀟灑多金，做人成功，交遊廣闊，我們真是沒辦法比……一位老員工聽了不屑地說：「你羨慕他？他還羨慕你呢！以後再和

老王聊天，你就跟他聊孩子！幾年前，他老婆難產，小孩沒了，大人也差點沒命，再也沒辦法懷孕了……」

有句俗語，叫做「人比人，氣死人。」每個人都有自己傲人甚至傲世的一面，為什麼一定要拿自己不太理想的一面和別人的強項較勁呢？上帝是公平的，他不會厚此薄彼，如果他沒有給你傾國傾城的美貌，他一定會在其他地方補償你，比如智慧。只是他的補償往往很隱蔽，要你自己去用心體會、發掘。

很多人羨慕成功人士，尤其是那些曾經和自己曾經一起寒酸過的人。如果有人說，美國阿拉斯加州有個人發現了一個史上最大金礦，把整個阿拉斯加都買下來了，你也許只是一笑置之，不以為然，因為那離我們太遙遠。但若是你的一個老同學、老鄰居、老朋友 —— 你們倆昨天還一起去菜市場買過菜，一起跟菜販砍過價 —— 而今天，他卻突然「發財」了，四處炫富，你立刻就會適應不了，憤憤不平：他有什麼了不起？憑什麼就「發財」起來了？

其實大可不必，他之所以「發財」起來，就有他「發財」起來的道理，而且你也有「發財」起來的可能。更何況，他「發財」起來並不代表他就比你幸福。

A和B是大學同窗，一別十年，再次重逢時，A已經成了老闆，B卻是普通工人一個。看著老同學的跑車，B酸溜溜地說：「老兄混得好啊，如今是要什麼有什麼……」

A笑著搖搖頭說：「老弟，我說我過得並不舒服，你可能不信吧？」

B當然不信：「你是身在福中不知福吧？吃的是山珍海味，住的是花園別墅，開得是跑車，周圍都是漂亮小姐和高科技人才，到哪裡都是前呼後擁，你還說自己不舒服？」

A 笑著說：「那好吧，你就和我在一起呆上幾天試試吧！」

B 欣然同意，但三天過去後，他卻主動提出要回家。A 再三挽留，B 真誠地說：「本以為你過的是皇帝一般的日子，沒想到還不如我。」

原來，這三天，A 和 B 形影不離。三天 72 個小時，兩人有 20 小時是在飛機上度過的，餘下的時間，A 還要處理公司的各種事務，夜裡 12 點鐘還在陪客戶吃飯，唱卡拉 OK，到了第二天凌晨，又一個電話把人叫醒，繼續重複。所以，過慣了每天八小時的 B 受不了了，他覺得 A 雖然成功，但生活品質還不如他。至少他有自己的時間來支配，至少他有充足的休息時間。

當然，這只是一個理論上的例子，成功自有成功的好處，而且成功人士並不一定要比普通人活得累。但它至少告訴我們這樣一個道理：每個成功人士風光的背後，都有不為人知的辛酸和苦澀，都有你不願付出的某種代價。不必羨慕他們，他們或許更應該羨慕你。你可以選擇成為更有境界的他們，但時刻要記得保持內心的平衡。如此，無論成敗進退，你都不會為外物所累、所傷。

‖ 走出虛榮的死路 ‖

虛榮，顧名思義是指虛假的、表面的榮耀。心理學上認為，虛榮心是一種被扭曲了的自尊心，是自尊心的過度表現。

虛榮心強的人，最大的特點就是喜歡與人比較。客觀地講，比也有比的好處：比可以催人奮進，激勵鬥志。俗話說，「獨木難成材」，那些單獨生長的樹木，由於有著充分的生存空間，因而往往生出很多橫丫斜節，成不了良材。那些長得高、大、直的良材，往往都出自成片的叢林。原因

就在於叢林中的樹為了得到充分的陽光，都必須比較，都必須一心一意地向上發展。由樹木想到我們人類，比較的心理同樣不可或缺，否則我們就會像叢林裡的灌木那樣，越長不高，就越得不到陽光，甚至漸漸失去生存空間。

不過，凡事都有限度。一個人不滿足於現狀，不甘落後，在特定情況下有一定的積極作用不假，但哲人說：「人活著累，一小半源於生存，一大半源於比較。」紛紛擾擾的大千世界，有人比較外表，有人比較金錢，有人比較地位，甚至有人比較配偶和孩子……但比來比去，比較帶給人們的往往是無盡的煩惱和痛苦。所以，我們應該掌握住比較的尺度，否則走進了比較的死路，可就很難掉頭了。

應該說，這個世界上每個人多多少少都有點愛慕虛榮，即使是我們一度認為天真純潔的孩子們，也變得越來越虛榮，讓我們看看下面這個發人深省的小故事吧：

某社區的 7 歲小男孩小輝，在某小學上一年級，虛榮心極強。小輝的母親告訴記者：「我每次送孩子上學，剛到學校大門口外面的轉角時，他就不讓我進去了，生怕同學老師看見我。後來他二姑一來我們家，他就黏住他二姑，還把自己的玩具拿給他二姑玩。看得出，他是在千方百計討好他二姑，因為他希望他二姑能夠開車送他上學。」

「後來，他二姑就開車送了他一次。誰知那次以後，他就再也不許我和他爸爸接送了，還跟同學們介紹說送他的『姑姑』是自己的『媽媽』，以前來送自己的『媽媽』，不過是家裡雇來的『保姆』！」

「說起來，這也不怪孩子，他的同學家裡七成都有轎車。我們實在是太窮了。」最後，小輝的母親頗有些自慚形穢地說。

問題出在哪裡？記者一語道破——正是家長們在面對孩子時不自然

地表現出來的由於沒有優越條件而自慚形穢的畸形虛榮心理，才使我們的孩子受了虛榮心的傳染，變得一個比一個市儈。古有「認賊作父」，今有「認姑作母」，但這又怎麼能怪我們的孩子呢？不難看出，當今社會普遍存在的虛榮心其實是世人對名對利的變態追求。雖然它貌似注重榮譽感，實際上卻是對道德榮譽的背叛。好在物欲橫流中，總有人能不為所動。網上有一篇別樣《陋室銘》，或許能給我們些許啟發：

「位不在高，身正則人；名不在顯，氣正則神。室不在大，有書則雅；錢不在多，飽暖則佳。吾室雖陋，然上不漏雨，下不堵泥，四時可擋風塵。翻身不致碰頭，點燈不再用油；水火衣食足夠，鍋碗床桌全有。冬來暖氣，夏開冷氣，四時無世態炎涼之煩惱。可以讀詩書，著文章，調素琴，會親友，嬉笑怒罵皆自由。西鄰汾河水，東近龍潭池；春遊芳草地，夏觀河塘魚，秋飲黃花菊，冬誦白雪詩。出門看鬧市，回家臥靜室；外長長青樹，內養老不死。足不出戶，有『千里眼』可觀世界風雲、天下美景；面不能見，有『順風耳』可聞親友聲音、互通資訊；身不能行，心可與國家民眾休戚與共。進不為己，退亦坦然無悔；權不謀私，心於人民無愧；生不貪贓，死不怕萬年遺臭；腰包不鼓，可以不防小偷。開一個小公司，既不賠本，也不盈利。不求暴富，便無風險，也不會倒閉；不達小康，只要健康，也不至於吃糠。近君子，遠小人，與平民安居樂業。無提心吊膽之勞，無萬人指戳之恨，無東躲西藏之苦，無坐牢殺頭之憂。吾自云：何陋之有？」

讀完全文，我們發現，這位作者也沒少比較，只不過他非常會比：和那些身體不好的人相比，作者有健康；和那些貪官惡霸比，作者不需提心吊膽；和那些道德敗壞者比，作者走在街上不會被人戳脊梁骨；和欠債的人比，作者無須東躲西藏……這就是我們常說的「比上不足，比下有

餘」，如果我們能學會這樣和人比較，還至於「人比人，氣死人」嗎？人就怕自己氣自己。明明是個上班族，非要和比爾蓋茲比財富；明明長得很普通，非要和整過容的明星比容貌……這麼比，越比越失衡，越比越失落，越比越憋氣。所以，如果不會比，盡量還是別比的好。

適當來點「精神勝利」

《伊索寓言》中有個〈狐狸與葡萄〉的故事：枝繁葉茂的葡萄架上，掛著一串串碩大的葡萄，路過的動物們都想摘上一串嘗嘗。有隻狐狸餓著肚子走過來，看到誘人的葡萄，牠的口水馬上流了出來。可是葡萄架太高，狐狸鼓足了勁蹦啊跳啊，總也吃不到。最後，狐狸累得實在跳不動了，牠望著可望不可及的葡萄，忽然笑著說：「哼，別看那些葡萄很誘人，但肯定還沒熟，又酸又澀。幸虧沒吃到嘴裡，不然我會難受死的。」狐狸安慰著自己，高興地走開了。

「吃不到葡萄說葡萄酸」，這正是生活中很多人的現實寫照。在以往，我們往往不贊同這種心理，不僅要斥之為精神勝利，還要「哀其不幸，怒其不爭」，不過，如果我們能童話一點，站在狐狸的立場上想一想，狐狸雖沒吃到葡萄，但也沒因此失落沮喪，這不正展現了狐狸的聰明嗎？

在心理學上，精神勝利和「吃不到葡萄說葡萄酸」統稱為酸葡萄效應，這是一種自我保護心理，可以使個體在遭受失敗時聊以自慰，避免更大的、持續的心理傷害。此外，心理學中還有一個「甜檸檬效應」。我們知道，檸檬絕對是酸的，有的人得不到甜葡萄，只得了個檸檬，便說檸檬是甜的。這種不說自己達不到的目標或得不到的東西不好，卻百般強調自己有的東西都是好的心理，也可以為我們減少或免除因挫折而產生的焦

慮，保持自尊，接受現實。

　　人，誰都難免失敗，失敗了尋求安慰是正常反應，如此，適當應用精神勝利法自我安慰一下，就是再自然不過的事情。在《三國演義》中，最會安慰自己的人當屬曹操。此君率八十萬人馬南下攻打孫劉聯軍，被人一把火燒了水寨不說，還被人追得只恨爹娘少生了兩條腿。但不論怎麼狼狽，剛剛喘過氣他必莫名其妙的大笑，說周瑜真是少智，諸葛亮也沒什麼謀略，要是他們能在這裡埋伏一支人馬，我的小命豈不休矣？這是典型的精神勝利法，不過誰能說其中沒有豁達和自信的成分？這對當時的曹軍上下非常重要。

　　周瑜則是典型的反面教材。一個很多方面都可與諸葛亮相媲美，個別方面還比諸葛亮強些的時代菁英，只因諸葛亮比他會借風，便心胸狹窄地屢次設計害之，結果反被對方三氣致死，臨死時還留下了「即生瑜，何生亮」的千古長嘆。如果稍微有些精神勝利，他還至於如此？

　　世人都讚美陶淵明的隱士精神，但陶淵明未嘗不精神勝利。在隱居之前，陶淵明也做過官，只是官場的黑暗和現實的殘酷讓他對那個時代很失望，他只好以隱居避開黑暗的現實，每日靠著酒精和詩文進行自我安慰。「寧為玉碎，不為瓦全」地與這個社會進行抗爭，當然是一種選擇，也非常壯烈，但並非人人都能做到，而且這裡面還有個值不值得的問題。比如說，您老兄現在正在想當個什麼長，並且德、能、勤、績都夠標準，可是你那不識貨的頂頭上司偏不這麼認為，結果你只能眼睜睜地看著不如你的人高升，這時候怎麼辦？去罵街？去投訴？去玉碎？不僅不值得，也得不到別人的同情，還會被人當成笑柄。這時候倒不妨說一聲：「孫子才想當那個長，累死累活的，每個月就多拿兩百塊，我放個屁都值兩百五十塊！」

　　精神勝利法並不僅限於自我安慰。生活中，當有人遭受不幸時，朋友們都會前往表示慰問，勸他想開些，同時幫助他重燃希望之火。這實際上也是幫助他取得精神上的勝利，沖淡那些讓人難以接受的不幸。這麼說來，精神勝利法也是一種自信，一種樂觀。

　　大文豪巴爾札克成名前，一度非常狼狽。他大學本來學的是法律，可畢業後偏偏想當作家，並且全然不聽父親讓他當律師的忠告，結果父子關係越來越緊張。父親一氣之下便不再向他提供任何生活費用，他寫的那些玩意兒又不斷地被退回，很快他便陷入了困境。最困難的時候，他甚至只能吃點乾麵包，喝點白開水。但他挺樂觀，每次「就餐」時，他便在桌子上畫上幾個盤子，上面依次寫上「香腸」「火腿」「乳酪」「牛排」等字樣，然後在想像的歡樂中狼吞虎嚥。

　　最後，必須強調一點，精神勝利有其積極意義不假，但我們絕不宣導自欺欺人的生活方式，我們只是說，生存不易，而精神勝利能讓人在不如意時保持必要的心理平衡，進而以良好的精神面貌去面對現實，迎接未來世界的風風雨雨。如果有人讀完這篇文章後變得不思進取，逆來順受，那絕不是我們所希望的。

第 20 堂課

當下 —— 每個刹那都是永恆

‖ 別為打翻的牛奶哭泣 ‖

　　《世說新語》中記載了一個「破甑不顧」的故事：東漢人孟敏，字叔達，鉅鹿人。他在太原時，有一次在街上買了一個甑（當時普通人家用來煮飯的一種用器），在拿回家的路上，一不小心掉在地上砸破了。他一點也沒有流露出驚恐之狀和惋惜之意，連頭也不回，泰然而去。這時剛好過來一人，名叫郭泰，是個很有學問的人。他見孟敏「破甑不顧」，覺得這人頗不平凡，就趕上去，禮貌地把他叫住問道：「好好一個飯甑，這樣砸破了，你怎麼看都不看一眼？」孟敏答道：「反正已經破了，看它又有什麼用呢？」

　　英國有一句類似的諺語：「別為打翻的牛奶哭泣」，意即中文的覆水難收，其寓意也不外乎是在告訴人們不要為那些無法挽回的即定事實大傷腦筋、後悔不迭、痛不欲生……生活中，每個人都會為曾經失去的機會，或者曾經的失足耿耿於懷，每當失意的時候，人們就會感慨或抱怨，「如果當初我不那樣做就好了」，「如果當初我那樣選擇就不是今天這個樣子了」，這擺明瞭是跟自己過不去，擺明瞭是在自尋煩惱，因為人生在世，很多事情根本由不得我們做主，很多錯誤其實都是上帝的錯。再者，即便真的是我們自己犯的錯又如何？世上沒有賣後悔藥的，如果可能，就不要打翻牛奶。萬一打翻了牛奶，就徹底忘掉它。

　　美國著名企業家、教育家卡內基在《人性的弱點》一書中講述，他的事業剛剛起步時，曾經試著在密蘇里州開辦過一個成人教育班，成功後，他又迅速地在全國開設了許多分部，由於他缺乏經驗，又不懂財務管理，結果數個月過去後，他沒有從中得到任何回報。雖說僥倖沒賠什麼錢，但卡內基還是很苦惱。他不斷地抱怨自己，無法走出這種不良狀態。

後來，卡內基偶遇他的老師喬治・強森，老師得知卡內基的遭遇後，勸解他說：「是的，牛奶被打翻了，漏光了，怎麼辦？是看著被打翻的牛奶哭泣，還是去做點別的？記住，被打翻的牛奶已成事實，不可能重新裝回到瓶中，我們唯一能做的，就是吸取教訓，然後忘掉這些不愉快。」老師的話如醍醐灌頂，卡內基的苦惱頓時不翼而飛，人也變得振奮起來，重新投入到了自己熱愛的事業中。

牛奶打翻了，的確是件很不幸的事，但天底下沒有永遠不幸的人，當你遇到不幸或遭遇不愉快時，你可以試著換個角度來看待問題，或者你的不幸還蘊藏著上帝對你的獎賞。

據《夷堅志》記載，南宋紹興十年七月的一天，都城臨安城中最繁華的街市不慎失火，當時正值天乾物燥，更糟糕的是還有不大不小的風。不多時，火勢迅速蔓延，數以萬計的房屋商鋪被汪洋火海所吞沒，頃刻間房倒屋塌，化為一片廢墟。大火無情，將無數人的苦心經營毀於一旦。人們或是哭天搶地，或是忙著滅火搶救財產。唯獨一位姓裴的富商，眼看著他的幾間當鋪和珠寶店即將化為烏有，他不僅沒讓夥計和奴僕們衝進火海，捨命地搶救珠寶財物，反倒不慌不忙地指揮大家迅速撤離，一副聽天由命的樣子，讓人大惑不解。背地裡，裴老闆卻不動聲色地將眾人派往長江沿岸，平價大量採購木材、磚瓦、石灰等建築材料。當這些材料堆積如山的時候，他又像個沒事似的，整天喝酒飲茶，好像一場大火根本與他無關。大火整整燒了數十天才被徹底撲滅，昔日車水馬龍的臨安大半個城池都被燒毀，到處斷壁殘垣，狼籍一片。沒幾日，朝廷頒下安民布告，並下旨重建臨安城，所有經營建築材料的商人一概免稅。一時間，臨安城內開始大興土木，建築用材供不應求，價格一路上揚，裴老闆轉手之間獲利數倍，遠遠超過了火災中焚毀的資財。

　　這個故事有力地證實了什麼叫作「危機就是危險中的機遇」。不過，客觀地說，類似的例子歷史上恐怕也只有這麼一例。人生有太多的無奈，遠非努力和智慧可改變。每個人的記憶中，都有讓人不堪回首的一幕。但過去既然總讓人痛苦，我們又為何還要對它念念不忘？如果不想繼續折磨自己，你必須自己走出陰影，站到陽光中來，多向前看，絕不回頭。

　　我們曾經在前面的章節中引用過《諾亞方舟》的典故，不妨再回顧一遍：由於偷吃禁果，亞當夏娃被上帝逐出了伊甸園。亞當活了 930 歲，他和夏娃的子女無數，逐漸遍布整個大地。但自從他們的長子該隱誅殺了親弟弟之後，人類便拉開了罪惡的序幕。上帝看到這些非常後悔，決定發動洪水毀掉人類。但他有個虔誠的信徒 —— 諾亞，上帝想讓他活下來，便讓他準備一條方舟，並把世上所有的生物都放一對在方舟內，囑咐他 2 月 17 日那一天駕舟逃生，並一再告誡他逃的時候絕對不可以回頭看村莊。誰知在逃跑途中，諾亞的妻子忍不住回頭看了一眼，立即化作石像。諾亞和三個兒子、兒媳跑進了方舟。一聲巨響之後，所有的海洋泉源都裂開了，大水四處氾濫，淹沒了一切⋯⋯

　　之所以再次複述這個故事，就是要借助它告誡各位：不管過去有多痛苦，或者有多美好，都已成為歷史。我們沒有能力把它們統統忘記，但我們同樣沒有能力改變那些既定的傷悲。既然已經幸運地逃離到了今時今日，就不要再回頭看了。否則的話，我們的生活注定要變成一座僵硬的石像。

　　英國前首相喬治就深諳此道。他有一個很奇怪的習慣 —— 隨手關上身後的門。有一次，他和朋友在府邸中散步，他們每過一道門，喬治總是隨手把門關上。

　　朋友不解：「你有必要把他們都關上嗎？」

「哦，當然有，」喬治微笑著說：「我這一生都在關我身後的門。這是我必須做的事。你知道嗎？當你關上門的時候，也就把過去的一切都留在了後面，不管是美好的成就，還是讓人懊惱的失誤。然後，你才可以重新開始，大步向前。」

「關好身後的門，把過去留在後面」，多麼經典！過去難免悲傷，我們的行囊中也難免背負一些懊惱和失意，但總是為那些逝去的年華流連傷感，總是計較那些既定的傷悲，我們除了錯失當下，痛失未來之外，又能有什麼好處？泰戈爾說過：「當你為失去太陽而流淚時，群星也正在悄然失去！」

┃ 不要預支明天的煩惱 ┃

天下本無事，庸人自擾之。每當想起〈杞人憂天〉的寓言，很多人不由得啞然失笑：世上還有這麼傻的人。其實，傻的遠不止他一個，生活中自尋煩惱、患得患失的現代杞人，絕對不在少數，甚至包括你我。我們雖然不傻到擔心有一天天會塌下來，但是我們卻往往會不由自主地擔心：有一天得了大病怎麼辦？將來失業了怎麼辦？突然遭遇了厄運怎麼辦？俗話說：境由心生，一個人心裡顧慮太多，就會瞻前顧後，前怕狼，後怕虎，甚至寢食難安。到最後被自己搞得心煩意亂，還會影響身心健康。

心理學家指出，生活中有一大部分人活在對未來的憧憬中，尤其是那些具有文學及藝術氣質的人，他們都或多或少地活在一個自我創立的世界裡，他們也都在內心憧憬著有一天世界會變成他們心目中的美好的明天，但現實生活就擺在眼前，他們又不得不承認未來固然有希望，但也絕非一帆風順。由此他們心中總是繚繞著一團莫名其妙的哀愁，總是為明天有可

能發生的一切不如意憂心忡忡。其實昨日如流水不可留，明日又是冥冥中注定的，絕非人力所能左右。只有認真地活在當下，積極地去發現、去感受生活之美，你才有可能為自己營造一個雖不完滿但卻快樂的世界。

少林寺有個小和尚，每天早上負責清掃寺中的落葉。這可是個苦差事，尤其是秋冬之際，寺中每天都是落葉滿地，小和尚每天早晨都要用去很多時間掃地，這讓他煩惱不已。

一個老和尚告訴他：「明天打掃之前，你先用力搖樹，把落葉通通搖下來，這樣後天就不用掃了。」小和尚覺得這個辦法不錯，第二天專門起了個大早，用力地搖樹，以為真能把兩天的落葉一次掃淨。

第三天早晨，興沖沖的小和尚傻了眼 —— 院子裡依然滿地落葉。這時，老和尚走了過來，笑著對他說：「傻孩子，你現在明白了吧，無論你今天怎麼用力，明天的落葉還是會飄下來。」

這個故事告訴我們：世上很多事情，就如同明天的落葉一樣，是無法提前發生的，也是無法預料的，更不是人力可以改變的。只有認真地活在當下，才是最真實的人生態度。但是我們總是像故事中的小和尚一樣，習慣於為一些未確定的事情而煩惱、而努力、而徒勞。這些煩惱，都是我們心裡的假設。表現在一些人身上，主要有以下兩方面：

其一，對子女的生活、學習考慮太多，太周全。

有些父母對孩子的溺愛，幾乎從孩子出生起，父母們便整天為孩子的一生計畫、操心。小的時候，擔心孩子吃得太少，穿得太少，個子太矮、身體太瘦、課業太差，甚至皮膚不好；晚上睡覺，總擔心孩子沒蓋好被子，即使蓋好了，又擔心孩子睡相不好，受了風寒，罹患感冒等等。孩子大一點了，又要為他的升學擔心，怕他考不上好學校，當然也擔心自己的經濟條件；另一方面，他們既想讓孩子課業好，又怕孩子被繁重的學業累

壞了身體，影響身心健康。等到孩子上了大學，又擔心孩子找不到好的工作，找不到好的男女朋友。好不容易有了工作，也有了伴侶，又擔心孩子的住房、薪資、婚姻、事業、前途。到孩子都有了孩子，又開始擔心孫子孫女。即使自己無能為力了，也放不下那份心……種種不好的設想，讓人輾轉難眠，愁腸百結。

其二，是患得患失的心理。

有些人習慣於把一些得失看得很重，甚至高於一切，因此總是表現得斤斤計較。放棄吧，總覺著自己吃了虧，心有不甘；接著追求吧，又怕最後得不償失。整天為利益頭痛不已，生活好比食之無味、棄之可惜的雞肋。然而，就像小和尚無法搖下明天的落葉一樣，為那些尚未發生、甚至發生了我們也無能為力的事情而煩惱，除了徒增煩惱之外，又有什麼益處？

與其如此，還不如放下執著和煩惱，飲幾杯生活的淡酒，試著去接受生活的不完滿，認真地過好當下的生活。這種「得過且過」、糊塗處世的做法看似是消極的人生，其實卻是最真實的人生態度。雖然人生不如意十之八九，但是很多事情並不像你想像的那麼嚴重。很多事情，都有轉圜的餘地，都存在著變數。而習慣於為未來憂慮、煩惱的人，想到的往往是那些不好的可能、不好的變化。退一萬步講，即便明天注定要悲傷，我們也沒有必要提前為悲傷買單。

另一方面，為未來憂慮的人看似是未雨綢繆，但實際上卻是不自信的表現。有時候，我們也會為未來預先安排，但安排歸安排，變化往往要比計畫快。西方有句話叫做「責任與今天是我們的，結局與未來卻屬於上帝」，一語道破了生活的無奈和樂觀豁達心態的必要性。所以，當你再為未來而悶悶不樂的時候，不妨想想先哲們「難得糊塗」的軼事。當

你學會了適應，抱定了「車到山前必有路，船到橋頭自然直」的糊塗心態，即使未來的生活再複雜、再多變，也不過是「兵來將擋、水來土屯」而已。

反之，如果執著於那些尚未發生的煩惱，並為其疲於奔命，總是抱定一種「世人皆醉我獨醒」的救世主心態，無疑會讓我們心神俱疲，拋開「智者千慮，必有一失」不說，為了一個不確定的未來，卻遺失了原本可以掌握的現在，未來的美好又用什麼去保證呢？還是哲人說的好：「因為沒有擁有現在，所以連未來也都失去了！」

總之，今天的舴艋舟載不動明天的許多愁，憂慮的心靈也解不開明天的千千結，不管我們多麼擔心煩惱和麻煩，煩惱終究會不期而至。我們能夠做的，就是過好當下，用今天的快樂去希冀明天的更加美好。

║ 你的窗外今天就盛開著玫瑰 ║

還記得小時候看過的卡通《白雪公主》嗎？也許你還記得這樣一句話：「這裡的規矩是，明天可以吃果醬，昨天可以吃果醬，就是今天不准吃果醬。」這究竟是怎樣一條規矩呢？簡單來說，就是永遠都不准吃果醬，因為人永遠都只能活在今天，而不是可以吃果醬的昨天和明天。

有人說，人生不過三天：昨天，今天和明天。其實，人生不過一天。因為昨天已經過去，我們沒辦法讓它重來；明天還未到來，我們也沒辦法讓它提前。我們可以掌握的只有今天。今天掌握不好，就會成為痛苦的昨天。今天掌握不好，未來也好不到哪裡去。所以，既不要讓昨天的記憶蒙蔽今天的眼睛，也不要活在對未來摸不著邊際的希冀中，我們要生活在完全獨立的今天。

來看兩個生活中的例子。

張老闆是一位白手起家的創業者，他兢兢業業，日忙夜忙，好不容易賺了幾萬塊錢。這天吃飯，妻子忽然提議說很想去旅遊，去爬山，去潛水，去騎馬……張老闆非常贊同，但考慮到手裡這點錢來之不易，不能浪費在消遣上，便說：「不如再過些日子，等我們賺了大錢，我們再好好出去玩一趟，不光要爬山、潛水，還要去巴黎看艾菲爾鐵塔，去埃及看金字塔。」後來，妻子又屢次提旅遊的事，張老闆每次都好言安慰，說等條件再好一些、時間再充裕一些，一定陪妻子去。就這樣，他今天推明天，明天推後天，直到一場車禍奪走了他的生命。其實他留下的錢早夠環遊世界的了，可是他卻連爬山都沒去過。

王阿姨是某市的市民，在兒子很小的時候，她就把兒子送進了貴族學校，自己卻沒穿過一件好衣服，沒吃過一餐像樣的飯菜，沒好好地休息過一天。別人勸她不要這樣虧待自己，她總說等兒子長大畢業有出息了自己就有福享了。但等兒子畢業後，她又說等兒子找到了工作了自己再好好休息不遲。兒子有了工作，她又說等兒子成了家……等到一切就緒，她終於可以安心享受的時候，她已經老眼昏花、腰彎背駝，連下樓活動一下都難，很多東西都無法享受了。

戴爾·卡內基說過：「人性中最可悲的事情，就是我們都喜歡夢想遠方某個神奇的玫瑰園，卻不知道我們的窗外今天就綻放著嬌豔的玫瑰。」上面兩個故事中的張老闆和王阿姨就是如此，他們都在夢想著神奇的玫瑰園，結果玫瑰園沒有盼到，卻白白錯過了盛開在他們窗外的玫瑰。

我們並不是在勸世人及時行樂，更不是讓人拋棄昨天，放棄明天，我們只是奉勸世人立足當下，活在當下。我們回不到過去，也去不了未來，哪怕是一秒鐘都不行，我們只能活在這一瞬間。

　　事實上，也只有活在當下，活好當下，我們才有明天和未來可言。把今天做得盡善盡美，就是迎接未來的最好方式。

　　西元 1871 年春天，有一位年輕人在一本書中看到了一句話，這句話對他的前途產生了莫大的影響。當時他還只是醫學院的一個普通學生，他的腦子裡總是充滿各種各樣的憂慮：如果通不過期末考試怎麼辦？如果作業做錯了怎麼辦？如果學醫不成日後去哪裡創業？靠什麼生活？等等。但自從看到那句話後，他所有的憂慮一掃而空，他快樂地過著每一天，並且成為了當時最有名的病理學家。他一手創建了世界知名的約翰霍普金斯大學醫學院（The Johns Hopkins University School of Medicine），成了牛津大學醫學院的客座教授，還被英王冊封為爵士。他就是威廉‧奧斯勒（William Osler）。他在西元 1871 年春天所看到的那句話是：對我們來說，最重要的事情不是觀望遙遠、模糊的未來，而是做好今天的事情。

　　威廉‧奧斯勒曾經屢次到各大學為學生們作演講，很多同學都曾經追問他成功的祕訣到底是什麼。威廉‧奧斯勒認為，這完全是因為他生活在一個「完全獨立的今天」。他在一次演講中解釋道：

　　「幾個月前，我曾經乘坐一艘巨輪橫渡大西洋。一天，我看見船長站在舵室裡，按下一個按鈕，輪船立即發出一陣機械運轉的聲音，船的幾個部分立刻彼此隔絕開來 —— 分成了幾個完全封閉防水的隔水艙。」

　　「你們每個人的身體組織都要比那艘輪船精美得多，」 奧斯勒說，「你們要走的航程也遙遠得多，我要勸誡各位的是，你們也要學會怎樣控制一切，生活在一個「只有今天的密封艙」裡，這才是確保航行安全的最好方法。你們要進入自己心靈的舵室，好好地使用那些隔離艙。你們要先按下一個按鈕，把已經逝去的昨天隔斷；然後按下另一個按鈕，把尚未來臨

的明天也隔斷。這樣你們有的只是今天，沒有那些把傻子引上死亡之路的昨天和把正常人逼瘋的明天。把它們緊緊地關在門外，一切就在今天。」

綜上，昨天是無法捕捉的時光精靈，明天是沒有盡頭的時間隧道，今天才是我們生活的全部意義。好好掌握好今天，才能擁有一個實實在在的美好人生，才能享受盛開在我們窗外的玫瑰。

第 20 堂課　當下—每個剎那都是永恆

第 21 堂課

去智 —— 慧極必傷，難得糊塗

▎聰明難，糊塗更難 ▎

難得糊塗是一種涵養，也是一種境界，還是一種生活智慧。古往今來，機關算盡、錙銖必較者，除了占便宜時的那一刻，其餘時間大多煩惱不斷；而看淡得失，「懶得計較」者，卻能無憂無慮，逍遙往來。

計較不對嗎？有些事情當然應該計較；聰明不好嗎？聰明固然很好，但計較、聰明太累。培根（Francis Bacon）說：「生活中有許多人徒然具有一副聰明的外貌，卻並沒有聰明的實質。這是『小聰明，大糊塗』。」現實生活中的許多人，看起來非常聰明，凡事都去斤斤計較，毫釐不爽，甚至耍小聰明，損人利己，這樣的人不僅活得累，還會把身邊的人帶累、搞亂。

張先生去菜市場買菜，和菜販討價還價，菜販同意優惠些，但收錢時還是按原價收。算了幾分鐘，張先生確定菜販少找給了自己 5 元，於是他頗為不滿地責問菜販為什麼說話不算數。菜販隨口說「願買就買，不買拉倒」，張先生火冒三丈，回敬道「還給你，退我錢」，說完把菜往地上一扔，伸手要錢。菜販見狀也火了，表示張先生必須先把他的菜撿起來，他才退錢。張先生堅決不撿，二人開始謾罵，菜販一急推了張先生一把，張先生順手拿起電子秤砸向菜販的頭，菜販當場暈倒，被送入醫院。張先生不得不賠償菜販醫療費、醫藥費、精神賠償共計 50,000 元。

例子不大，教訓不小：與別人計較，最終會計較到自己頭上。孔子說：「水至清則無魚，人至察則無朋」，我們應該練就一雙明察秋毫的慧眼，很多時候卻要學會睜一隻眼閉一隻眼，難得糊塗一把。

光陰如流水，轉眼就白少年頭，事事計較不僅太累，還會透支我們的生命。做人，要學會卸載生活中的小是非，把那些本不該發達卻過度發達的神

經剪除，把那些不必要的是是非非拋開，生活中的不愉快自然就此消失。

法國人有一句諺語：「如果無知是福，那麼愚蠢就是聰明了！」這裡的「愚蠢」，其實就是我們常說的「難得糊塗」。它看似愚蠢，但實則是一種超越，一種睿智，一種歷經滄桑後的成熟，也是每個人都應該懂得的明哲保身之道。雖然父母師長從小就教育我們凡事要認真，但是一個人一旦認真到了斤斤計較的地步，那就是和自己過不去，到頭來終究會自討苦吃。

明朝時，蘇州城有個姓尤的大商人，人稱尤翁。尤翁開了一家大典當鋪，有一年年底，一個窮鄰居空著手要贖回當在這裡的衣物，站櫃臺的夥計不同意，他便破口大罵。尤翁走過去對窮鄰居說：「你不過是為了年關煩惱，何必為這種小事爭執計較？」隨即命人將他的衣物找出來四五件，指著棉衣說：「這個你可以用來禦寒。」又指著一件袍子說：「這是給你拜年用的，其他沒用的暫時就放在這裡吧。」鄰居拿上東西默默的回去了。當天夜裡，他竟死在別人家裡，他的家人和那家人打了很多年官司，企圖狠狠地敲詐了那家人。

原來窮鄰居是有備而來，他因為在外面欠了很多錢，無路可走，便想自殺，但妻兒無法安置，於是他事先服了毒，本想敲詐尤翁，但尤翁不跟他計較，他只好轉移目標，禍害了另一家人。事後，夥計問尤翁，您老是怎麼事先預知的？尤翁回答：「我也沒想到他會走絕路。但我知道一點，凡是無理挑釁的人，一定有所依仗。如果在小事上不能忍耐，那麼多半會招災惹禍。」

尤翁的話裡蘊含著這樣一個道理：世事原本複雜、渾濁，我們也應該學會用濁眼看待生活。許多事情，該裝糊塗時就別讓自己太清醒；許多時候，不糊塗也要讓自己裝裝糊塗。人在江湖漂，哪能不挨刀，生活中免不

了碰上不合作、甚至跟我們唱反調的人。只要不是大是大非的問題，根本沒必要做無謂的堅持。

‖ 不痴不聾，不做家翁 ‖

　　據史料記載，名將郭子儀為大唐江山的穩固立下了汗馬功勞，唐代宗感其功高，將女兒升平公主嫁給了郭子儀之子郭暖。有一次，小倆口吵架，郭駙馬越說越氣，忍不往說道：「你父親有什麼了不起的？給我們當皇帝，我們還不稀罕呢！」公主聽罷大怒，立即回宮告狀。郭子儀知道後嚇得趕緊把兒子關了禁閉，然後自己面聖請罪。誰知代宗聽了公主的哭訴後卻說：「原來如此。這是你的不好，你為何在夫家不守婦道？如此吵鬧？你知不知道，要不是郭子儀拚死戰鬥，我們李家可能早就丟了江山！憑他的威望和能力，的確可以做皇帝！」見了郭子儀後，代宗則安慰他說：「愛卿！古人云：不痴不聾，不作家翁。孩子們吵架時說說氣話，我們怎能當真呢？不必放在心上。」

　　「不痴不聾，不作家翁」，也作「不痴不聾，不成姑公」，家翁、姑公都是舊時對長輩的稱呼，意思是說，一個人如果不懂得裝聾作啞，故作痴呆，就當不了、也當不好長輩。來看一個現實生活中的例子：

　　小張和阿芳結婚 4 年了，雖然小倆口經常為一些雞毛蒜皮的小事吵吵鬧鬧，但夫妻感情並無大礙。這天，兩人去小張的朋友家玩了一天，回到家，小張一摸口袋 —— 鑰匙弄丟了，便急忙讓阿芳取另一把備用鑰匙。

　　阿芳說：「我把鑰匙給我爸了……」

　　「你給他做什麼？」小張惱火自己進不了門，嗓門大了起來。

　　「怎麼了？這你也要管？怕我父親開門來偷東西？」

......

夫妻倆你一言，我一語，吵得街坊四鄰都不安寧，有鄰居立即打電話給阿芳的父親讓他來滅火。不一會兒，父親趕到，得知事情的原委後，他也很生氣，掏出鑰匙，一把丟到小張臉上，說：「我要你們的鑰匙，是為了幫你們送米，你家裡有什麼東西值得我偷？」說完扭頭就走，阿芳立即跟上去，回了娘家。

回家後，阿芳父親仍然憤憤不平，逢人便說他送米給女婿反被女婿當做賊，講完後，總是嘆氣說：「唉，我真是瞎了眼，把女兒嫁給這麼缺德的人。」沒幾天，阿芳父親的話傳到小張耳朵裡，他氣呼呼地跑到岳父家質問：「你怎麼罵我缺德？」阿芳父親鬍子一撅，賭氣說：「你就是缺德。我當初讓阿芳嫁給你真是瞎了眼。」小張說：「嫁錯可以離婚嘛！」阿芳父親說：「離就離！」

阿芳當初不過是賭賭氣，哪想離婚，她拉住小張的衣袖說：「如果你改正，我願意跟你過一輩子。你快向爸認個錯吧。」小張說：「你們把汙水潑在我身上，還要我認錯，豈有此理？」阿芳還要說什麼，阿芳父親又跳出來說：「別跟他囉嗦，你年輕輕的，還怕找不到男人嗎？跟著這窮小子有什麼好？」

......

兩個星期後，阿芳和小張離了婚，但她不明白：以前自己和小張也沒少爭吵，怎麼這一次就一發不可收拾了呢？

生活中，有不少老人就像故事中的阿芳父親一樣，非但不懂得滅火，反倒有意無意的火上澆油，唯恐天下不亂，結果把芝麻綠豆的小事搞得無法收場。其實，孩子們固然有不對的地方，但身為長輩，首先應該具備長輩的寬宏大量。如果不會做和事佬，就不要插手。很多事情，老人不插

手，也許孩子們就自己解決了；老人一插手，惹一肚子氣不說，弄不好還會把簡單的問題複雜化。生活的煩心事本來就夠多的，何必添麻煩呢？

一個當不好家長的人，一般來說，其他方面也不會太出色。先秦諸子之一的楊朱就遭遇過這樣的尷尬：楊朱去見梁王，說治理天下就像翻翻手掌那麼簡單。梁王不信，說：「先生還是算了吧！你一妻一妾都管不好，三畝大的菜園連草都除不乾淨，卻說治理天下易如反掌，這是何道理？」

《王陽明全書》中有這樣一個故事：有一個名叫楊茂的聾啞人，陽明先生不懂手語，只好和他筆談。陽明先生首先問：「你的耳朵能聽到是非嗎？」答：「不能，因為我是個聾子。」問：「你的嘴巴能夠講是非嗎？」答：「不能，因為我是個啞巴。」又問：「那你的心知道是非嗎？」但見楊茂高興得不得了，指天畫地地回答：「能、能、能。」於是陽明先生就對他說：「你的耳朵不能聽是非，省了多少閒是非；嘴巴不能說是非，又省了多少閒是非；你的心知道是非就夠了。」的確，生活中少不了是非，絕大多數是非都是聽來的，看來的，人家一句話就能讓你暴跳如雷，一個眼色就能讓你耿耿於懷，那人家豈不成了我們生活的導演？糊塗一點，睜一隻眼閉一隻眼，放一馬，退一步，與人方便，也是為了自己方便。

鄭板橋說的好，「聰明難，糊塗更難」。該聰明時聰明，這需要人腦筋夠用，能夠透過現象看本質，的確不容易；該糊塗時糊塗，這需要人「拿得起放得下」，用超脫的態度對待現實中的煩惱，真正是大不易。

所謂「難得糊塗」，不是讓人懵懵處世，任人宰割，而是明明是非黑白了然於心，偏偏裝作良莠不分，既由「聰明轉入糊塗」。《論語》中說：「寧武子，邦有道，則智；邦無道，則愚。其智可及也，其愚不可及也。」意思是說，孔子認為寧武子這個人非常厲害，在執政者有道時，他就顯得非常聰明，執政者無道時，他就顯得很愚笨。他的聰明孔子也能做

到，但他的愚笨孔子卻做不來。這裡的「愚笨」，不是真正的智力上的愚笨，而是一種大智若愚的糊塗：因為看透了事物的發展態勢，明白自己再表現得聰明的話就會有災難，所以不得不選擇「糊塗」這一明哲保身的最有效法寶。今日世界，聰明人比比皆是，缺的偏偏是糊塗人。許多人往往以為有足夠的智慧就可以保全自己，殊不知智慧本身才是致禍的種子。

∥ 別讓小聰明害了你 ∥

生活中到處都是愛貪小便宜的人。我的一位的哥朋友，曾經跟我講過這樣一件事情：

附近有一家加油站，我（朋友）去那裡加過幾次油。

第一次，我要加 100 塊錢的油，當加油器的計價表到 99 塊錢的時候，工作人員就開始手工控制油槍，加到 99 塊 9 毛 9 分時，立即停住。

「你的手夠準的！」我假裝誇獎他，實際上卻有點不高興——幹嘛少給我加 1 分錢的油？

第二次，還是加 100 塊錢的油。結果計價表快到末尾的時候，工作人員又改成人工作業，又是到 99 塊 9 毛 9 分時停住。

第三次，還是外甥打燈籠——照舊。我問他：「你怎麼每次都差我 1 分錢的油啊？」

他笑了笑，說：「現在油價這麼貴，加油站不能賠不是嗎？」

第四次，他還是加到了 99 塊 9 毛 9 分。我又問：「你為什麼總不加滿？」

他說：「我怕加過頭，老闆吩咐過，『寧可少加一毛，不能多加一分』。」

從此以後，我再也不去那家加油站了。

其實，誰都不差一分錢，但是誰也不願意無緣無故的吃虧。加油站的做法看似每次都賺錢，但是失去一未客戶，一年少賺多少錢？更何況再多的金錢都無法挽回客戶的信任，而這樣經營的話，失去的客戶恐怕遠不止我的朋友一人吧。所以說，這種聰明還真不是什麼好事。

「掩耳盜鈴」的成語故事對誰可能都不太陌生，但生活中很多人明明知道故事中的小偷很蠢，卻總是有意無意地為大家親自演繹一番具有時代特色的掩耳盜鈴。這很大程度上源自於他們自作聰明且心存僥倖的病態心理。人可以聰明，也應該聰明，但自恃聰明，把別人都當成傻瓜，就是自欺欺人，到頭來只能是自取其辱。

有一位老闆說起當年故事，當年我在當學徒時，有一段時間經常撿到錢。數額不高，大概相當於現在的二三十元。後來師傅告訴我，那是他在考驗我……是我的錢我要，不是我的錢我從來不會去想、去拿，這是我做人的原則，也是朋友們看重我的理由。

第 22 堂課

適應 ── 是生存，更是挑戰

▍能耐就是能夠忍耐 ▍

古人云：「不如意事常八九」，那麼遇到不如意的事情怎麼辦呢？先哲們說：「忍為高」、「小不忍則亂大謀」、「忍字心頭一把刀」……現代人則說，「能耐」就是「能夠忍耐」。凡此種種，不管是美德也好，謀略也罷，為人處世，常常需要忍耐。暫時的忍耐，也往往是解決問題的最好辦法。度過了黎明前的黑暗，曙光還會遠嗎？

忍耐是什麼？它首先是一種生存智慧。人們常說，「大丈夫能屈能伸」，其實即使是小女子，身在屋簷下，也不得不低頭。暫時的忍耐，不僅是解決問題的最好方式，很多時候還決定著一個人能夠繼續生存下去！漢朝開國大將韓信，不得志時曾受胯下之辱；蜀漢昭烈皇帝劉備，一生顛沛流離，大半輩子寄人籬下；李世民死後，一代女皇武則天為求活命，也不得不暫時出家為尼……不忍，行嗎？正所謂「留得青山在，不怕沒柴燒」，都像項羽那樣，青山都沒了，還談什麼「彼可取而代之」？

忍耐是什麼？忍耐是前進路上不可或缺的動力之源。欲躍先屈身，欲飛先伏翅。忍耐是力量的積蓄，忍得越久，飛得越高。宋代名臣范仲淹，幼年喪父，家貧無依，為求經國濟世，他伏身於破廟中苦讀，每日只能吃三塊冷粥度日，但後來卻出將入相，名動千古。」

忍耐是什麼？忍耐是最高的人生境界。當今世界，物欲橫流，橫亙在人們面前的，有防不勝防的蠱惑與引誘。交織在你我身邊的，是紛至沓來的打壓、排擠，勾心鬥角。唯有忍耐，可使我們不斷修身養性，不斷提升人生境界，最終出汙泥而不染，濯清漣而不妖，生發出大視野、大胸懷、大境界、大智慧。如此之人，立世處事，自然不同凡響。

忍耐是什麼？忍耐是從平庸走向菁英的必經階段。古斯塔夫·福樓拜

（Gustave Flaubert）說過：「天才，無非是長久的忍耐！成功沒有祕訣，貴在堅持不懈。」這是大師對文學愛好者的鼓勵，也是對每個不甘平庸的人最好的鞭策。能耐就是能夠忍耐。如果你認為自己活得很累、很辛苦，那麼肯定是你的能力還有所不逮。既然還沒有能耐，那只能先學習、先忍耐著。

做個傷得起的人

人人都想成功，人人都想幸福，但人人都有可能遭遇失敗和不幸，這就叫做人生無常，這是每個人都必須面對的殘酷現實。

受傷是人生的一部分。有首歌叫〈傷不起〉，很多人都喜歡唱兩句，但每個人都知道，命運絕不會因為誰傷不起就對他有所照顧。所以，不管你傷不傷得起，受傷時，你必須做個傷得起的人。

曾經有一個名叫布朗的美國人，他從部隊退役後連遭厄運，先是差點被大火燒成焦炭，幾年後又因墜機事故癱瘓了，只能坐在輪椅上繼續下半生。但他一沒有一蹶不振，失去活下去的勇氣，二沒有苟且偷生，而是成為了令人羨慕的百萬富翁和演說家，並且在美國政壇占據了一席之地。很多美國記者都曾採訪過布朗，布朗總是這樣解釋自己的成功：「我癱瘓之前可以做 1,000 件事，現在我只能做 900 件了，但是我既可以把注意力集中在我無法再做的 100 件事上，也可以把精力放在我還能做的 900 件事上。我的人生雖然遭受過兩次重大的挫折，但是我卻不能把挫折當作放棄努力的藉口。因為無論發生什麼，那都沒什麼大不了的，一切都可以重來。」

另一位美國演說家叫席勒，他的名氣更大。席勒有一句名言：「任何一個苦難與問題的背後，都有一個更大的祝福！」他不僅常常用這句話來激勵聽眾，而且時常向小女兒灌輸這樣的思想。這天，席勒正在韓國演

講，突然收到一封來自美國的緊急電報：他的女兒遭遇了意外，已經送進醫院進行緊急手術，有可能小腿截肢！心情錯亂的席勒匆忙結束演講，火速趕回了美國。到了醫院，他看到了已經小腿截肢的女兒。在女兒面前，他第一次感到自己的口才是那麼糟糕，他不知道該用什麼方式來安慰自己的女兒。

女兒似乎察覺到了席勒的心事，對他說：「爸爸！我沒有問題的，你不是經常告訴我，任何一個苦難與問題的背後，都有一個更大的祝福嗎？我不會因為失去小腿而難過的……請爸爸放心吧，沒有了腳我還有手。」兩年後，席勒的女兒升入了中學，而且被選入壘球隊，成為了該隊最出色的壘球手。

某學者說過，做科學家比作政治家幸福得多：不管科學家失敗多少次，只要他成功一次就行，而且他失敗的次數越多，就越是顯得他偉大。政治家則不然，不管他成功多少次，只要失敗一次，恐怕就再也爬不起來了。非常幸福的是，我們中的絕大多數都成不了政治家，也遇不上布朗等人的意外，充其量也就是工作不太順心，事業不太順利，愛情或感情有點小矛盾等等，相比較之下，我們還有什麼傷不起的？

失敗了，受挫了，受打擊了，傷心總是難免的。但也不必過於悲觀，因為從一定意義上說，你能夠受傷，就已經是一種成功。

試想一下，一個膽小如鼠、安於現狀、不思進取、庸庸碌碌的人，他的一生或許都不會受傷，因為他從不敢去嘗試什麼，也不敢去做什麼，連受傷的機會都沒有，他根本就不配談什麼受傷。

一個身無分文的人，他絕對不會虧本，生意場上你死我活的較量從來就與他無關，因為他連傾家蕩產的前提都不具備。

一個目不識丁的人，一生也不會嘗到大學落榜的痛苦，因為他根本就

沒有資格去考場裡受受傷……

　　沒有人能隨隨便便成功，此話不假，但也沒有人能隨隨便便受傷。假如唐僧取經沒有八十一難，《西遊記》是否能流傳？假如維納斯的胳膊沒有斷，她是否能勾動我們的心弦？遺憾的是，每次股市崩盤，都會發生跳樓的慘劇；每年，都有想不開的輕生者自殺……現實生活中傷不起的人大有人在，我們來看一個反面例子：

　　1980 年代，松下電器公司準備招聘 10 名基層管理人員，但報名者卻多達幾百人。經過面試和筆試，董事長松下幸之助發現一個叫神田三郎的年輕人是個難得的人才。然而，當祕書將錄用名單交到松下幸之助手上時，松下幸之助卻沒有發現神田三郎的名字，於是他派人複查一下考試成績，結果發現神田三郎的成績總分名列第二，只因電腦出了故障，把分數和名次排錯了，才導致神田三郎落選。松下幸之助立即吩咐下屬糾正錯誤，同時給神田三郎寄送錄用通知書。誰知第二天松下幸之助得到了一個驚人的消息：神田三郎竟因為沒被錄用而跳樓自殺了！

　　松下幸之助沉默了好長時間，一個助手在旁邊自言自語：「多可惜啊，這麼一個有才幹的青年，我們卻沒有錄取他。」

　　「不，」松下幸之助搖搖頭，「幸虧我們沒有錄用他。這種小挫折都忍受不了的人，是做不成大事的。世界經濟風雲變幻，我們的公司要發展，每個人都會遭遇到比求職落選更大的失敗或挑戰，這種一失敗就以自殺的人，你敢任用嗎？」

　　的確，人生充滿變數，誰都難免失敗，但是如果我們能夠以認真負責、積極樂觀的態度面對失敗，冷靜地審視自己的傷口，從中吸取教訓，那麼受傷未嘗不是一種賜予。反之，就像神田三郎那樣，心理承受能力差到連落選這種小事都要自殺的程度，即使才華再高，又能有多大的作為呢？

有一種適應叫苟且偷生

日本有一種名叫「邦賽」的樹，它長得很美，而且造型完整，但高度只有幾寸而已。在美國加州，有一種叫水杉的樹，其中有一棵大水杉被人們命名為「將軍莎門」，它高達 272 英尺（一英尺 =30.48 公分），樹幹寬達 72 英尺，如果伐倒它，足夠建造 35 間五人住的房子。但是當將軍莎門樹和邦賽樹還是種子的時候，它們的重量都小宇三千分之一盎司（一盎司 =28.35 克）。差不多大的種子，長大以後卻相差懸殊，為什麼呢？原來，當邦賽樹的樹苗剛剛突出地面時，日本人會把它拉出泥土，並且紮住它的主幹和一些支幹，故意阻礙它成長，它只能按照人們的意願，長成一株矮小、美麗的樹。而將軍莎門樹的種子是自然而然地落在加州肥沃的土地上，它可以在雨水與陽光的滋潤下，沒有任何阻礙的生長，直至拔地參天。

客觀環境非常重要，它可以決定一個人的成敗。邦賽與將軍莎門樹不能選擇命運，但你卻有權選擇。如果一個人一輩子都被客觀因素束縛住，沒有辦法突破，那一定不是客觀上的東西在束縛他，而是因為他願意待在那裡，受制於環境。

客觀地說，人對環境有四種基本的反應。第一是離開環境；第二是改變環境；第三是適應環境；第四是抱怨環境。前三種反應，我們都有可能從中找到新的生機，只是千萬不要選擇第四種反應，因為抱怨只會令人精神頹廢。這種人往往把失敗的原因歸咎於他人與環境，為失敗找藉口，而不是改變自己，去為成功找方法。

二戰時期，為盡快滅亡法西斯德國，美國軍方決定派一隊間諜去德國臥底。時間緊迫，訓練期限只有短短的兩個月，期間他們需要掌握必要的

特工技術和德語。但是一個月過去了，大部分士兵還不會說德國話，少數士兵能說兩句，但聲調怪異、發音生硬。眼看時限將至，長官知道不給他們的點壓力不行了，於是把大家召集到一起，嚴肅地告訴他們：「不要心存僥倖。不管你們會不會德語，一個月後照常出發。」結果士兵們在接下來的日子裡日夜苦學，到出發前幾乎人人都能說一口地道的德語，甚至連口音和語調都酷似德國人。

難道是這些士兵都有語言天賦嗎？當然不是。他們只是知道，如果他們的德語學得不地道，可能剛一下飛機就會被德國人發現自己的身分。小命都要不保了，還說什麼理由？找什麼藉口？還是掌握時間多記幾個單字吧！

戰爭是無情的，但是有助於我們理解什麼叫事在人為。現實生活中同樣如此，只要不是被逼無奈，你會發現，很多人都寧願相信命運，適應生活。其實哪裡有什麼命運？世上無難事，只要肯努力，人生在世，很多事情不過是做與不做、以及怎麼去做的問題。

有句俗話：「好死不如賴活。」言下之意，不管發生什麼，一個人都沒有理由結束自己的生命。但是這並不代表大家都活得有多麼積極，看看周圍，你會發現很多人其實是在「混」日子，區別只在於程度不同而已。這些人信奉的著名格言——早起的鳥兒有蟲吃，早起的蟲子被鳥吃。

必須承認，人生不如意的確十有八九，有時候甚至令人痛不欲生。但生活向來如此，一味地抱怨總不是辦法、一味地逆來順受更不符合我們生而為人的應有做法。

哲人說：「如果不能改變，那就要學會適應。」於是乎很多人學會了適應。但是他們與其說是在適應，倒不如說是在苟且偷生。苟且偷生之

餘，他們還要掌握一切時機發洩他們的不滿，抱怨上帝的不公。

很顯然，他們曲解了哲人的根本用意：山中有狼，這個現狀鹿改變不了。鹿變不成狼，但是鹿不能因為狼的存在，就躲在灌木叢裡抱怨上蒼不公平！鹿必須永遠奔跑，永遠奮鬥，直到強壯了自己，強化了基因。鹿不能改變自己是鹿、注定要被狼吃的宿命，鹿只能透過改變自己，盡量謀求生存。

態度決定一切。即使你只是一隻蟲子，即使你有可能會被吃掉，但積極的心態和勤勞絕對不是一種罪過。正如哲人所說，世界上本沒有什麼絕對的公平，上天給了我們每個人一顆觀察世界的心，一雙改造世界的手。我們不可能選擇自己的父母，不可能選擇自己的出身，但我們可以透過自己的智慧和雙手去改變它。

出身寒微的美國大富翁約翰·富勒（John Fuller）說過，出生的貧窮不是貧窮，一味地適應命運的安排才是真正的貧窮；現在的卑微不是卑微，自甘墮落，情願一輩子卑微的人，才是真正的卑微。的確，「我命由我不由天」，每個人都有改變命運的機會，關鍵看他是消極的適應，還是積極地向命運抗爭。

第 23 堂課

認同 —— 同流才能交流，交流才能交心

多一份認同，少一分衝突

認同，簡單來說就是相互認可，彼此贊同。美國為何總是跟伊朗過不去？以色列和巴勒斯坦為什麼數十年來衝突不斷？同事的母親為什麼反對她跟鄉下來的男朋友交往？事情有大有小，層次有淺有深，但原因只有一個：不認同。

人類社會的所有矛盾都根源於不認同。人需要被別人認同，同時也要認同別人，如果不把這個問題處理好，誰也別想活得輕鬆快活。

認同是一種美德。我們不能強求別人都認同我們，也不能天真的誤以為天底下都是完美無缺的君子。我們只能修練自己的心胸，盡可能地去接受那些難以認同的人。

多年前，日本有一個名叫白隱的禪師，有一年，他修行的寺廟附近村莊裡一個村姑沒有結婚卻生下了一個孩子，在當時，這簡單就是一種罪孽。人們辱罵村姑，說她敗壞風氣，並強令她說出姦夫是誰。村姑愛慕自己的男友，不忍令他受傷害，便對村人說謊，是寺廟裡的白隱禪師勾引自己。由於白隱行事一向有道，村姑的父親又是個信眾，因此他也沒太難為白隱，只是把那個孩子抱到廟裡，讓他收養。白隱不明所以，問起緣由，村姑的父親怒氣沖沖地把經過講述一遍，白隱只說了一句話：「是這樣的呀。」就再也沒說什麼，把孩子收養了下來。很多年過去了，村姑一直承受著良心的煎熬，有一天，她實在無法再承受這份心理壓力，帶著全村人來到寺廟，當眾說出了事情的真相，並對當年被冤枉的白隱禪師道歉，而白隱還是只說了一句話：「是這樣的呀。」

這個並不太精彩的故事，卻說明了一個道理，那就是：很多事情不一定需要爭出個是非曲直，爭出個絕對結果。我們應該學會認同，認同別人

的存在，學會寬容，允許別人有自己的個性，允許別人犯個把錯誤。

認同是一種境界。只要不犯法，法律也無權要求一個人怎麼生活。你可以不喜歡別人的生活，看不慣別人的做法，但你千萬不要對別人說三道四，指手劃腳，更不要把自己的生活方式強加給別人。同樣，不管你做得多好，世界上總會有人或明或暗地不認同你。對此，除了付諸一笑，好像也沒有什麼更明智的辦法。

某大學校長曾經招致一些學者的質疑和攻擊性很強的批評，但這位校長修養功夫極佳，不管別人怎麼說，他都無動於衷。有位老師忍不住問道：「您怎麼能不生氣？這有什麼祕訣嗎？」「這還要什麼祕訣，」校長笑著說，「如果有人寄封信給你，而你不打開，你還會受到信的內容影響嗎？」

的確，一個巴掌是拍不響的。如果我們能多認同一些別人的無理行為，不跟別人爭是非，又怎麼會惹上是非呢？

美國拳王喬‧路易斯（Joe Louis）在拳壇所向無敵，有一次他與朋友開車一起出遊，車子行駛間，因前方有狀況他不得不緊急剎車，結果後面尾隨的一輛車因剎車不及撞上了他的車。

拳王倒是不以為意，但後面的司機氣衝衝地跳下車來找他理論，指責他剎車太急，大罵他駕駛技術有問題，並不時在他面前揮動著雙拳。拳王靜靜地坐在駕駛座上，始終沉默不語，直到司機罵完揚長而去。

同行的友人實在忍不住了，對拳王說：「那傢伙那麼囂張，還在你面前揮舞拳頭，你為什麼不狠狠地揍他一頓？」

拳王笑著說：「照你的說法，如果有人侮辱帕華洛帝，那帕華洛帝是否也要為對方高歌一曲呢？」

說得好，如果有人不小心被瘋狗咬了一口，難道他也應該回咬狗一口嗎？而且有時候，我們也應該為狗想一想。

先秦諸子之一的楊朱，有個弟弟叫楊布。一天早晨，楊布穿著一件白色的衣服出了門，結果天降大雨，把他淋成了落湯雞，楊布便在朋友家借了一件黑色衣服穿著回了家。他家養的狗認不出楊布，就迎上去汪汪地對著他大叫。楊布非常惱火，拿了根棍子就要耍打狗棒法。楊朱看見後，立即阻止他說：「你打狗做什麼？假如你的狗出去的時候是白的，回來的時候變成黑的，你難道不覺得奇怪嗎？」

要記住，如果別人不認同我們，或者原本很認同我們但突然不再認同我們，首先要從自己身上找原因，而不能像楊布那樣，自己變了樣子，反而怪狗不認識他。

｜己所不欲，勿施於人｜

「己所不欲，勿施於人」出自《論語·衛靈公》。子貢問孔子：「有一句話可以用來終身奉行嗎？」孔子說：「大概只有『恕』吧！自己不想做的事，切勿強加給別人。」

類似的話，孔子在其他地方還多次說過。比如有一次，孔子的學生仲弓問他怎樣實行仁德，孔子回答說：「自己不想做的事情不要強加給別人。做到了這一點，在國內無人怨恨，在家裡也無人怨恨。」又有一次，孔子說：「我不願意別人強加給我的，我也不會強加給別人。」在《中庸》中，類似的話也出現了不止一次。

儒家學派的另一代表孟子也持同樣的觀點。有一次，一個叫白圭的大商人跟孟子談起大禹治水的故事，誇口說：「如果讓我治水，一定能比大禹做得更好。只要把河道疏通，讓洪水流到鄰近的國家去就行了，還用得著一直疏導到東海？」孟子很不客氣地對他說：「你錯了！你讓洪水流到

鄰國，鄰國難道不會讓洪水再流回來嗎？有仁德的人，是不會這麼做的，這麼做只會造成更大的災害。」

也就是說，「己所不欲，勿施於人」的態度，不僅是對別人的尊重，也是孔子和孟子所宣導的「仁」的要求。我們知道，「仁者愛人」，因此所謂「己所不欲，勿施於人」，就是用自己的心推及別人，自己希望怎樣生活，就應該想到別人也會希望怎樣生活；自己不願意別人怎樣對待自己，就不要那樣對待別人；自己希望在社會上能站得住，能通達，就要懂得幫助別人站得住、通達。總之，「己所不欲，勿施於人」就是從自己的內心出發，推及他人，去理解他人，對待他人。

美國前總統伍德羅·威爾遜（Thomas Woodrow Wilson）曾說過：「如果你握緊兩個拳頭來找我，我敢保證我的拳頭會握得比你的更緊。但如果你到我這裡來說：『讓我們坐下來商量商量，看看我們的問題出在哪裡。』那麼要不了多久我們就會發現，我們看法其實大同小異。因此我們要學會耐心，學會相互理解。」人是最複雜的動物，人與人交往也是頗為複雜、難以掌握的事情，而「己所不欲，勿施於人」就是最好的處世原則。

有人說，「己所不欲，勿施於人」是放諸四海皆準的真理，這肯定不對，一個很簡單的例子：兩國交戰，一正一邪，這時正的一方如果一味恪守「己所不欲，勿施於人」的原則，豈不慘哉、傻哉？不過話說回來，人類之所以有那麼多的戰爭，就在於某些國家的某些政客不懂得或者說不願意遵行「己所不欲、勿施於人」的和平共處準則。人與人之間如能多些認同，少些自我，關係肯定會越來越融洽、和諧；國與國之間多些尊重，少些敵視，肯定也有益於雙方關係的改善。

戰國時期，梁國與楚國交界，相互敵視。兩國在邊境上各設界亭，並

在各自的地界裡種上了西瓜。梁國人勤勞，有時間就鋤草澆水，瓜秧長勢極好；楚國人很懶，對瓜事很少過問，瓜秧又瘦又弱，卻死要面子。一天晚上，楚國人偷偷越界把梁國人的瓜秧扯斷了好多。梁國人發現後，氣憤難平，報告縣令宋就，說我們也過去把他們的瓜秧扯斷，雙方扯平好了。宋就卻勸大家說：「他們這樣做當然是很卑鄙的，可是我們為什麼會想去扯他們的瓜秧呢？還不是因為他們扯了我們的瓜秧我們不願意嘛，既然我們不願意他們扯斷我們的瓜秧，那為什麼還要反過去扯斷人家的瓜秧呢？別人不對，我們再有樣學樣，那就太狹隘了。你們聽我的話，從今天起，每天晚上去給他們的瓜秧澆水，讓他們的瓜秧長得好，而且你們這樣做時，一定不要讓他們知道。」

士兵們雖然不太贊同，但都照辦了。於是，楚國的士兵很快發現，自己的瓜秧長勢一天好似一天，經過觀察，發現每天早上地都被人澆過了，而且是梁國人每天夜裡悄悄為他們澆的。楚人感到又慚愧又敬佩，便把這件事報告了楚王。楚王有感於梁人修睦邊邦的誠心，特命人攜帶重禮送與梁王，表示自責並酬謝，結果這一對敵國成了友邦。

「人怕敬，鬼怕送」，這句大俗話用來總結上面這個故事再恰當不過。現實生活中，很多矛盾、怨恨的產生往往不值一提，無非是你家的瓜長得好，他家的豬生得壯，對於那些境界還不太高的人因為心理不平衡犯下的些許錯誤，恰到好處地運用一下孔夫子的「恕道」，不把我們不想要的結果以牙還牙地回敬回去，即使對方不識抬舉，往往也能緩解一下緊張關係，為最終的和解創造條件。否則，必然導致怨恨升級，最終我們固然可以讓占了些許小便宜的人付出應有的代價，但仔細想想，我們也是讓無辜受傷的自己進一步受傷。不要指望我們身邊的人都講道理，這種想法本身就不切實際，重要的是我們要善於與別人相處，尤其是小人。

有的時候，己之所欲，也不可施之於人。竹林七賢中的嵇康與山濤之所以絕交，就是因為山濤向朝廷推薦嵇康為官，而這違背了嵇康的做人原則與志向。

生活中類似的例子也不少見。有一次，我帶孩子去菜市場買菜，孩子指著菜攤上大堆的馬鈴薯問：「爸，他們弄這麼多馬鈴薯豆做什麼？又沒人喜歡吃馬鈴薯！」想想看，生活中不是有很多人經常犯類似的錯誤嗎？自己喜歡搖滾，就以為所有的人都喜歡，於是把音響開到最大；自己不喜歡吃肉，就一天三頓清水煮白菜，吃得全家人臉都綠了尚不甘休……

▎理解萬歲 ▎

小宇是大二學生。幾個月前的一天晚上，他興沖沖地向室友們宣布，他已經正式和心上人確立了戀愛關係。但是室友們卻勸他一定要小心，因為該女生與班上另一位男生非常曖昧的事情盡人皆知。

可惜當局者迷，旁觀者清，陷入愛河的小宇什麼也聽不進去。他驕傲地告訴室友們：小琳（該女生的芳名）早就告訴我了，她跟那個男生只是普通朋友。

在接下來的時光裡，小宇把大部分的精力都用在了戀愛上，每天幸福得一塌糊塗。但是半年後的一天晚上，他一反常態，垂頭喪氣地回到宿舍，什麼也沒說就躺到床上。都快天亮了，他還在床上輾轉難眠，嘆氣唉聲。第二天，大家問了他很久，他才煩悶地說小琳昨晚約他出去，說從來沒有喜歡過他，從來沒有想過要做他的女朋友。而且，小琳還警告他，「我現在是別人的女朋友了，以後少來糾纏我」……

大家聽了，先是指責小琳水性楊花，接著又七嘴八舌的教訓小宇，說

他「不聽老人言，吃虧在眼前」，當初要是聽勸，也不至於今天這麼活該。

　　唯有他的上鋪小劉默默地聽著。傍晚，他把小宇約到一個僻靜的小吃店，幾個小菜，兩瓶啤酒，二人邊吃邊聊。

　　小劉說：「好兄弟，這不算什麼，陷入愛情裡不能自拔的人多了。你愛上她不代表你傻，她離開你也不代表她就不好。再說了，好女孩多的是，再找就好了，不要太難過了。」

　　一席話說得小宇熱淚盈眶，借著酒醉，他抱著小劉的肩膀痛哭失聲，說這麼多朋友，就你一個人理解我啊……

　　有句老話叫「理解萬歲」，我們煩悶時需要向朋友傾訴，需要朋友的安慰、開解和鼓勵。別人煩悶時，我們也需要理解、關心別人的感受。但現實生活中，我們經常會見到一些不會說話、做事的人，他們心地也不壞，但與其說他們是在安慰人，倒不如說是在刺激人。用一句大俗話說就是 —— 哪壺不提提哪壺。要記住，朋友難過的時候，絕不是證明你的判斷力的時候。這時候，朋友最需要的就是理解的話語。

　　工作、事業中，遇到分歧的時候，理解更是解決問題的必要前提。只不過這時候不是勸說、安慰對方，而是學會換位思考，懂得站在對方的立場上考慮問題，並透過恰當的言語表達出來。人際關係學大師卡內基曾經講過一段親身經歷：

　　早年，卡內基每個季度都要租用紐約某大旅館的大禮堂約 20 個晚上，用以講授他的社交訓練課程。有一個季度，卡內基開始授課不久，忽然接到通知，旅館經理要他繳納比原來多 3 倍的租金。而在此之前，卡內基為學員們準備的入場券已經印好，並且已經發到了學員手中，其他準備開課的事宜也已悉數辦妥。也就是說，時間和條件都不允許卡內基更換培訓場地。他只能去跟旅館方面交涉。

「我接到你們的通知時，有點震驚，」卡內基對旅館經理說，「不過這不怪你。假如我處在你的位置，或許也會這樣做：你是這家旅館的經理，你的責任是讓旅館盡可能的盈利。你不這麼做的話，你的經理職位很難保住，也不應該保住。但是，假如你堅持要增加租金，那麼讓我們來計算一下，這樣對你有利，還是不利。」

「先說有利的一面。」卡內基說，「大禮堂不出租給講課的而是出租給舉辦舞會、晚會的，那你們就可以獲大利了。因為舉行這一類活動的時間不長，他們能一次付出很高的租金，比我的租金當然要多得多。租給我，顯然你吃了大虧。」

「再說不利的一面。首先，你增加了租金，卻是降低了收入。因為實際上，你這樣做等於是讓我走人。由於我付不起你所要求的租金，我勢必得找別的地方舉辦訓練班。」

「另外，不知道你考慮過沒有：我這個培訓班將吸引成千上萬有文化、受過教育的中上層管理人員到你的旅館來聽課，這對你來說，難道不是達到了不花錢做活廣告的作用嗎？事實上，即使你花 5,000 元在報紙上登廣告，你也不可能邀請這麼多人親自到你的旅館來參觀。可是我的培訓班為你邀請來了。這難道不划算嗎？」

最後，卡內基說：「請仔細考慮後再答覆我。」

當然，經理讓步了。

在上述案例中，卡內基在與旅館經理交涉的過程中，沒有提到一句關於他想怎麼樣的話，他總是站在對方的角度想問題、說問題。這正是卡內基的高明之處。試想一下，如果卡內基接到通知後氣勢洶洶跑進經理辦公室，歇斯底里地對經理咆哮：「你這是什麼意思！你明知道我把入場券都發出去了，開課的準備也已就緒，卻要增加 3 倍的租金，你這不是存心坑

人嗎？你乾脆去搶！告訴你，多一分錢我也不出！」可以想像，即便他能說得對方啞口無言，但因為會傷害旅館經理的自尊心，這件事很可能就此談崩。因為他不過是個上班族，一怒之下說不定就會濫用職權，寧可捨掉旅館的利益，也要排除掉卡內基這個異己。

　　當然這只是我們的一個假設，卡內基如果連這點小事都擺不平的話，也就不用開什麼培訓班了。我們只需向他學習，說話做事時，多多理解一下別人的立場和感受，同時盡量設身處地替別人設想一下，尋求共識，達成共同利益。

第 24 堂課

感恩 —— 感謝每一縷陽光，珍惜每一滴水

｜與其抱怨不幸，不如珍惜擁有｜

人生多變，世事無常。一路走來，誰都難免遭遇各式各樣的歡喜悲傷。正如周星馳在《大話西遊》中那段經典告白所說的一樣 —— 曾經有一份真誠的感情擺在我的面前，我沒有珍惜，等到失去的時候我才後悔莫及，人世間最痛苦的事情莫過於此 —— 那些曾經擁有但如今已然不在的美好回憶，每每想來都令人痛徹心扉。

「如果我當初不那樣就好了」「如果我當初注意點就好了」「如果當初我那樣選擇就不是今天這個樣子了」，應該說，這種悔悟反省有一定的積極意義，但是當一個人習慣於對失去的東西耿耿於懷時，這就擺明瞭是跟自己過不去了。事情既然已經過去，就不要再說什麼如果、假如了。我們應該做的，是學會忘記那些不愉快，同時吸取教訓，避免在以後的日子裡重蹈覆轍。再者說，塞翁失馬，焉知非福？失去的同時，未必不是得到的開始。失去了陽光的燦爛，你才能欣賞月光的皎美；失去了青春歲月，我們才能走向成熟；失去了本不該失去的，我們才能學會珍惜……

著名書法家于右任一生飽經沉浮，卻始終榮辱自安，得享高壽。每當有人問及他的養生之道，他總是指著客廳上的字畫笑而不答。那是一幅于老先生親筆寫意的蓮花圖，上有一副對聯：上聯，不思八九；下聯，常思一二；橫批，如意。

「不思八九，常思一二」，何意？無非是讓人保持知足常樂之心、掌握即有的幸福而已。「不如意事常八九，能與語者無二三」，這是先哲對生活的智慧總結，我們也無須自欺欺人地去奢求什麼一帆風順，但幸好人生逆境不是百分之百，雖然只有一二，人生的如意事總還是有的。所以，我們要記住該記住的，忘記該忘記的。改變能改變的，接受不能改變的。

也許有些事很無奈，也許有些人很可惡，但一切都在輪迴中，花開就有花落，花落終有花開。不再執著於得不到和已失去，你才能掌握幸福綻放的那一瞬間。

據說，古希臘大哲蘇格拉底曾經帶著自己的學生訪問世人，探尋「世界上什麼東西最珍貴」。

他們先是來到醫院裡，問一位百萬富翁：「你認為世間最寶貴的東西是什麼？」富翁有數百畝土地、數十家店鋪、好幾套別墅、上百個僕人和若干個貌若天仙的情人，但老天偏偏讓他患上了不治之症。富翁悲哀地回答：「我認為人世間最寶貴的就是健康。誰能夠給我一個健康的身體，我情願把自己所有的財產都給他。」

接著他們來到鬥牛場，問一位鬥牛士：「你認為世間最寶貴的東西是什麼？」鬥牛士有的健碩的身體和敏捷的身手，但是，他最近失戀了——那個全城邦最漂亮的女孩與他相戀了五年之久，卻在三天前投入了另一位鬥牛士的懷抱。鬥牛士痛苦地回答：「是愛情。真正的愛情才是世上最寶貴的東西。」

他們又來到河邊，問一位風燭殘年的老人，老人睜開混濁的雙眼，看著學生們一張張容光煥發的臉龐說：「在我看來，世間再沒有什麼東西比青春更寶貴的了。可惜，青春對每個人來說都只有一次，我不可能再擁有它了！」

他們一路訪問下去，沒有任何人的答案是相同的：擁有權勢的人渴望友情，身陷囹圄的人渴望自由，心情憂鬱的人渴望快樂，門庭若市的人渴望寧靜……不過，人們的回答有個共性，那就是人們認為自己最寶貴的東西，都是他們已失去的東西。

「老師，難道世界上最寶貴的東西是『已失去』？」一個學生問道。

「不。」蘇格拉底說：「孩子，世界上的許多東西都是十分寶貴的。但是我們往往在擁有它們的時候渾然不覺，在失去的時候才突然感到它們的珍貴。所以，世間真正寶貴或者真正能給自己帶來歡樂幸福的，不是『已失去』，而是所擁有，是現在能夠掌握的歡樂和幸福。」

無獨有偶，在另一個類似的故事中，主人公照樣是偉大的蘇格拉底。

有位弟子時常因為自己貧窮而憂鬱。

「你有如此豐厚的財富，為什麼還不快樂？」蘇格拉底勸他。

「什麼！在哪裡？」弟子急切地問。

「你的眼睛。只要你把它給我，我就可以幫你把它賣給那個獨眼的富翁。他願意出千兩黃金呢！」

「不，我不能失去眼睛！」

「那就買你的一雙手吧！同樣值千兩黃金！」

「不，我也不能失去雙手！」

「那好，既然你有財富而不肯賣，就不要抱怨自己貧窮了。你有眼睛，可以學習；你有雙手，可以勞動。你為什麼還不快樂呢？」

很明顯，按照蘇格拉底的說法，我們之所以總是不開心，根源就在於我們很少想到我們已經擁有的。忽視自身價值，忽略生命的無償賜予，一個人又怎麼能快樂起來？所以，我們必須在坦然面對那些已失去的基礎上，多想想那些如意的事情！某些人、某些物、某些事，從一開始就注定是我們生命中的插曲，從一開始就不屬於我們。坦然面對它們，也正確地認識一下那些早就陪在我們生命中的已擁有吧！人生路上，追求和珍惜同樣不可或缺。

分享一顆種子，收穫一樹風景

　　從前，有兩個信徒去印度朝聖，他們一路上虔誠膜拜，露宿風餐，終於到達了聖地，並且如願見到了佛祖。

　　佛祖說：「你二人不遠千里而來，足見虔誠。你們有何心願，我可以幫你們實現。不過你們當中有一個人要吃點虧——我只許你們一個人許願，許願的人將實現自己的願望，沒有許願的人，卻可以得到願望的兩倍。」

　　聽到這裡，一個信徒心想：「總算沒有白來啊！不過我可不能先講，如果我許願的話，他就會得到兩倍的好處，那樣我就太虧了！」

　　另一個信徒也思忖道：「我怎麼可以先講，讓他得到兩倍的好處呢？」

　　於是，兩個信徒互相謙讓，表現得非常客氣，這個說「你先講吧」，那個說「還是你先講吧」，爭執了半天也沒有結果。

　　佛祖早就看穿了他們的心思，微微一笑說：「你二人可以先回去，何時決定下來，願望都可實現。」

　　於是二人開始回返，在路上，他們又假惺惺地謙讓一番。最後，其中一個信徒變得不耐煩起來，說：「你煩不煩啊？讓你講你就講吧！」

　　「為什麼我先講？平常不都是你先講嗎？」另一個信徒回敬道。

　　「你怎麼這麼不識好歹？你這個不識相的傢伙！你再不許願，我就把你掐死！」對方生氣了，大聲咒罵道。

　　什麼？你還敢翻臉！還要掐死我！既然你無情無義，我也不必對你客氣了！我得不到的東西，你也別想得到！想到這裡，那個信徒把心一橫，冷冷地說道：「好，我來許願！我希望……我的一隻眼睛……瞎掉！」

　　剎那間，這個許願的信徒真得瞎掉了一隻眼，而那個希望得到兩倍好處的信徒，兩隻眼睛全瞎了！

　　自私、狹隘的心理，在兩個信徒身上表露無遺。為了得到更多一些，他們甚至不惜透過傷害自己的方式來毀滅他人！這絕對不僅僅是虛構的故事，現實生活中這樣的人大有人在。一個個血淋淋的教訓在提醒我們，人必須學會分享。分享一顆種子，你將收穫一樹風景。懂得分享的人，才能擁有更多。否則，擁有的越多，禍害越大。

　　分享是相對於自私而言的。自私的人，一般都不懂人與人的感情。他們不懂得親情，不懂得友誼，不懂得同事間的感情。若是有的話，也要以金錢的標準去衡量。他們的處世原則就一條 —— 認錢不認人。即使是家人、愛人也始終毫不含糊，「帳」總是算得清清楚楚的，為了金錢，有的人甚至達到了六親不認的程度。

　　自私的人，人格也大都不太高尚。馬庫斯‧圖利烏斯‧西塞羅（Marcus Tullius Cicero）說：「對金錢的欲望必須盡力摒除，唯愛財富之心使人度量狹小，精神卑鄙。」這類人，只要能斂財，什麼道德，什麼人格，什麼尊嚴，都不在乎。

　　自私的人或許能存下、賺到幾個小錢，但由於自私，他們往往只能守著幾個小錢終老，而且由於整天惦記著別人的錢，擔心自己的錢，他們總是提心吊膽，坐立不安，難以感受生活之美。

　　其實，這是看不透人生的表現。他們不懂得這樣一個簡單道理：他，赤條條地來到這個世界，在最後也只能赤條條地離開這個世界。所以，這種人實際上是自己給自己套上了一條無形的精神枷鎖。它使人成為金錢的奴僕，使人活得不自在、不痛快，甚至使人卑鄙和齷齪。

　　李嘉誠財產多的幾十輩子都花不完，而且在生活用度方面很摳，但也沒見有人眼紅他、笑話他，原因就在於他懂得分享，懂得回饋社會。股神華倫‧愛德華‧巴菲特（Warren Edward Buffett）則認為，他之所以能

賺錢，在於他有一套投資哲學，也在於這個社會為他的投資哲學提供了土壤。這不僅是分享，還是風度和境界。

從此不再憤憤不平

西晉時期成書的《三國志・吳志・駱統傳》中，就有「饗賜之日，可人人別進，問其燥溼，加以密意，誘諭使言，察其志趣，令皆感恩戴義，懷欲報之心」的句子，唐代詩人陳潤也曾寫下過「丈夫不感恩，感恩寧有淚。心頭感恩血，一滴染天地」的詩篇。而民間關於「感恩珠」的神話傳說，至少可以上溯至漢朝。所以說「感恩」和「誠實守信、助人為樂、禮貌謙讓、尊老愛幼、尊師重教」等行為一樣，是傳統美德。

感恩戴德、知恩圖報，是一種最起碼的良知，而忘恩負義、恩將仇報，則是毋庸置疑的小人行徑。但時至今日，「感恩」也不應再簡單地理解為「對別人給予的幫助表示感激」，它既是一種品德修養，也是一種健康的心態和健全的人格，更是一種處世哲學，是生活中的大智慧。

美國人安東尼・羅賓（Tony Robbins）年輕時只能在 10 平方公尺的單身公寓裡棲身，生活一塌糊塗，人際關係惡劣，前途十分暗淡。但短短二十年時間，他卻成為了擁有數億資產的成功學大師。是什麼力量讓他走出困境，也讓他取得了不可思議的成功呢？安東尼毫不隱諱地說：「成功的第一步就是存有一顆感恩之心。時時對自己的現狀心存感激，同時也要對人為你所做的一切懷有敬意和感激之情。所以我們要感恩父母，因為父母給予我們生命，並養育了我們，我們應盡兒女之責，善待父母、反哺父母；我們要感恩老師，因為在老師的教誨中我們一天天地長大，我們永遠也不能忘記自己的恩師；我們要感恩朋友，因為在我們傷心時，朋友能

傾聽我們的傾訴，在困難時給我們一片希望，我們要珍惜這份友誼，在朋友需要我們的時候，伸出手來；我們還應感恩生活，是生活讓我們懂得了什麼是苦，什麼是甜，教會了我們吃苦耐勞，讓我們收穫人生財富，一步步走向成熟……」

　　其實，大凡偉人、名人，大都具有感恩之心。俗話說：「受人滴水之恩，當以湧泉相報」，雖然我們可能做不到湧泉相報，但起碼應該有報恩之心，有感激之情。不要把父母的養育視為當然，不要把老師的培養看作應該，不要把戀人的呵護當成自然。感恩是一種生活態度，是一片肺腑之言，也是一個人不可磨滅的良知。一個連感恩都不知曉的人，必定冷酷無情，必定會導致人際關係的冷淡。在人脈即一切的當今社會，這樣的人，非但人生高度有限，而且很容易成為千夫所指，被社會拋棄。

　　不知感恩，不會感恩，會令善行望而卻步，整個社會也會變得冷漠、麻木。我們無法使他人都保有感恩之心，但我們應時時提醒自己知足、惜福，在人生的路上永遠心存感恩。哪怕是為了我們自己。

　　站在佛學的角度，感恩則是一種無所不包的大情懷。淨空法師說過：「感激傷害你的人，因為他磨練了你的心志；感謝欺騙你的人，因為他增進了你的見識；感恩遺棄你的人，因為他教導了你應自立……人生在世，不可能一帆風順，種種無奈都需要我們勇敢地面對、曠達地處理。你感恩生活，生活必將賜予你燦爛的陽光。當你試著去感恩，你就會發現，感恩的理由誰都能找到許多，但不感恩的藉口卻只需一個。」

　　當代科學大師霍金做完學術報告後，一位女記者向他提問：「霍金先生，漸凍人症將您永遠固定在了輪椅上，您難道沒有為自己失去太多而悲傷過嗎？」

　　霍金吃力地敲出了以下幾行字：

我的手指還能活動；

我的大腦還能思維；

我有終生追求的理；

我有我愛的人和愛我的親人和朋友；

最重要的，我還有一顆感恩的心。

驟然間，會場上掌聲如潮水。人們在震撼之餘，恍然明白了一個道理：感恩之心是一個人生命不息奮鬥不止的無窮動力！用感恩的眼光看人，你會發現世上還是好人多；用感恩的眼光看生活，你會發現生活並沒有想像的那麼壞；感恩生活、感恩世界，你自然也就遠離了憤世嫉俗和憤憤不平……就讓我們從現在開始感恩吧！感激陽光，感激空氣，感激一草一木，因為它們都是我們的必需，卻無一不是生活的賜予……

名言佳句

自然有它發展的規律。

人類需要按照自然啟示的經驗來生活。

人類的一切智慧是包含在這幾個字裡面的：「等待」和「希望」。

孩子的眼神，讓我相信這個世界上還有著純真。

欣賞者心中有朝霞、露珠和常年盛開的花朵，漠視者冰結心城，四海枯竭，叢山荒蕪。

幸福的年代，誰會拒絕再體驗一次童年的生活？

我哭，因為我愛。

人生最大的快樂，是致力於一個自己認為偉大的目標。

無心而為才能快意人生完成一場逍遙遊。

能控制好自己情緒的人，比能拿下一座城池的將軍更加的偉大。

在一個崇高的目標支援下，只要不停地工作，即使是緩慢也一定會獲得成功。

不受苦中苦，難為人上人。

我在茫茫人海中，尋找自己靈魂之唯一伴侶。得之，我幸；不得，我命。如此而已。

患難與困苦是磨練人格的最高學府。

簡單生活的麻煩之處，在於它是快樂、豐富、有創意的，但卻一點也不簡單。

最偉大的人物，僅僅是因為簡單，才顯得更崇高。

宇宙的道理，都是一增一減，非常簡單的，好像天秤一樣，一高一低，這頭高了，另一頭就一定會低。

天下大事當於大處著眼，小處下手。

沒有獨立精神的人，一定會依賴別人；依賴別人的人，一定會怕人；怕人的人，一定會阿諛諂媚人。

一個沒有獨立氣魄的人，總是會依賴成性，甚至為非作歹。

古今凡能成就一番偉大的事業，對社會有著突出貢獻的人，無一不是自強不息、腳踏實地、艱苦奮鬥的結果。

改變想法，你就能夠改變了自己的世界。

自己的鞋子，自己才知道鬆緊在哪裡。

只有在人群中，才能認識真正的自己。

比其他人優越算不上高尚，比從前的自己優越才是真正的高尚。

嘗試做一些你不精通的事，否則你永遠不會成長。

人生應該像蠟燭一樣，從頂部燃到底部，一直都是光亮的。

在競爭當中，個人的野心往往會促進公共的利益。

最初所擁有的只是夢想，以及毫無根據的自信而已。但是，所有的一切就從這裡出發。

大部分的人都是天才。但是，如果你以會不會爬樹的能力去評斷一條魚，那麼對魚來說，魚這輩子都認為自己是沒能力的笨蛋。

成為毅力、勤奮、忘我投身於工作當中的人。

為人民服務是一種高尚的美德。

盛年不重來，一日難再晨。及時當勉勵，歲月不待人。

當命運交給你一顆酸澀的檸檬，你可以想辦法把檸檬做成可口的蜂蜜檸檬汁。

愛人者，人恆愛之；敬人者，人恆敬之。

感謝，是愛心的第一步。

人生如花，而愛便是花的蜜。

慈悲沒有敵人，智慧不起煩惱；布施的人有福，行善的人快樂。

想出新辦法的人，在他的辦法還沒有成功以前，許多人總說他異想天開。

一位具有天賦異稟的人，絕對不會遵循普通人的思維途徑。

浩瀚的海洋，源自於細小溪流；偉大的成就，源自於艱苦勞動。

有志者，事竟成，破釜沉舟，百二秦關終屬楚；苦心人，天不負，臥薪嘗膽，三千越甲可吞吳。

卓越人士的一大優點是：在不利與艱難的遭遇裡，仍然繼續奮鬥、百折不饒。

通向人類真正偉大境界的道路只有一條，那便是苦難的道路。

咬定青山不放鬆，立根原在破岩中。千磨萬擊還堅勁，任爾東南西北風。

我這個人走得很慢，但是我從不後退。

要成為領袖，無論從事什麼行業，都要比競爭對手做好一點。

做事公正一小時，勝過祈禱五天晝夜。

有些地上本沒有路，但走的人多了，也就成了路。

兄弟，如果你是幸運的，你只需有一種道德而不要貪多，這樣，你過橋更容易些。

以溫柔、寬厚之心對待他人，讓彼此間都能開朗愉快地生活，或許這才是最重要的事吧。

惡人膽大，小人氣大，君子量大。

經常談論別人的短處，只會使談論的人漸漸心胸狹窄。

處世不必邀功，無過便是功；與人不求感德，無怨便是德。

非淡泊無以明志，非寧靜無以致遠。

你生氣的每一分鐘，等於損失了快樂的 60 秒。

天空雖有烏雲，但烏雲的上面，永遠會有太陽在照耀。

一旦事情已經發生了，就不要抱怨，不要沮喪，一切都會過去。

要想有永遠的掌聲，就得捨得眼前的虛榮。

有取有捨是幸福的人，無情的守財奴是最不幸的人。

苦瓜苦，但捨得油鹽，苦瓜甜。

駿馬能歷險，力田不如牛；堅車能載重，渡河不如舟；舍長以求短，謀者難為全。

當上帝關了一扇門，必打開另一扇窗。

上帝為每個人的靈魂提供了選擇的機會，或是擁有真理、或是獲得安寧。你可以任選一種，不能全部擁有。

知足，是一種天然的財富；奢侈，是一種人為的貧窮。

良田萬頃，日食一升；廣廈千間，夜眠八尺。

有些人因為貪婪，想得到更多又更多的東西，最後卻把現在擁有的也賠上了。

唯一沒有瑕疵的作家，就是那些從來不寫作的人。

請記住，幸福並不是依存於你是什麼人，或者是你擁有了什麼，幸福只取決於你想的是什麼。

對於大多數的人來說，他們認定自己有多麼幸福，那麼，就有多麼幸福。

愛好虛榮的人，是把一件美麗的外衣，遮掩著一件醜陋的內衣。

當一個人一心一意做好事情的時候，他最終是必然會成功的。

不要為了模糊不確定的未來擔憂煩惱，你只要為真實的當下努力就可以了。

縱使你傷心了，也不要因此愁眉不展，因為你不知道，可能有誰會愛上你的笑容。

見到別人煩惱，不要幸災樂禍；見到他人如意，不要情緒低落。

世界上最怪異的事情是：一些小小的煩惱，只要一起頭，就會漸漸地變成比原來龐大數倍的煩惱。

人們以為我最聰明，但是我自己知道，我什麼都不知。

對於聰明的人來說，勸告是多餘的；對於愚昧的人來說，勸告是不夠的。

笨蛋往往自以為聰明，真正聰明的人才知道自己是笨蛋。

與其做愚蠢的聰明人，還不如做聰明的愚人。

當一個人全心全意想要把事情做好的時候，他最終必然是會成功的。

忍耐是一帖有利於所有痛苦的良藥。

我有兩個忠實的助手，第一個是我的耐心，第二個是我的雙手。

做好事是人生中，唯一確實且快樂的行動。

有許多隱藏在心裡的祕密，都是透過眼睛被洩漏出來的，而不是透過嘴巴。

沒有口水與汗水，就沒有成功的淚水。

每有患急，先人後己。

以溫柔、寬厚的心對待他人，讓彼此都開朗愉快地生活，或許才是最重要的事情吧。

感恩是美德中最美好的，忘恩負義是品行中最糟糕的。

如果有一天，我能對公共利益有所貢獻，我就是世界上最幸福的人了。

不能生氣的人是傻瓜，然而，不去生氣的人便是智者。

慢生活沒有這麼痛苦：

治癒故事、佛系語錄、淡定哲學，二十四堂修心課讓你從憤世嫉俗的怪人化為清新脫俗的仙人！

作　　者：傅世菱，王原平

發 行 人：黃振庭

出 版 者：財經錢線文化事業有限公司

發 行 者：財經錢線文化事業有限公司

E-mail：sonbookservice@gmail.com

粉 絲 頁：https://www.facebook.com/
　　　　　sonbookss/

網　　址：https://sonbook.net/

地　　址：台北市中正區重慶南路一段六十一號八
　　　　　樓 815 室

Rm. 815, 8F., No.61, Sec. 1, Chongqing S. Rd.,
Zhongzheng Dist., Taipei City 100, Taiwan

電　　話：(02)2370-3310

傳　　真：(02)2388-1990

印　　刷：京峯彩色印刷有限公司（京峰數位）

律師顧問：廣華律師事務所 張珮琦律師

定　　價：360 元

發行日期：2022 年 11 月第一版

◎本書以 POD 印製

國家圖書館出版品預行編目資料

慢生活沒有這麼痛苦：治癒故事、
佛系語錄、淡定哲學，二十四堂修
心課讓你從憤世嫉俗的怪人化為清
新脫俗的仙人！ / 傅世菱，王原平
著 . -- 第一版 . -- 臺北市：財經錢
線文化事業有限公司 , 2022.11
　　面；　公分
POD 版
ISBN 978-957-680-524-0(平裝)
1.CST: 人 生 哲 學 2.CST: 寓 言
3.CST: 修身
191.9　　111015871

電子書購買

臉書